LOS MISTERIOS DE ESTER DETRÁS DE LA MÁSCARA

Por la Dra. Hollisa Allewine

CONTENIDO

GLOSARIO

Ajashverosh – Ahaseurus (hebreo), posiblemente Jerjes 1 de la historia

Adonai – Mi Señor

Brit Hadashá – Nuevo Testamento. En hebreo, literalmente, "Pacto Renovado". La palabra hebrea para nuevo, hadash, también significa renovado, como aplicamos el adjetivo a la Luna Nueva. La luna no es nueva; es la misma luna. Su aparición se renueva simplemente cada mes. De la misma manera, Jeremías 31:31 define los términos de la Nueva Alianza: la Torá será escrita en el corazón del pueblo de Dios. No es una nueva Torá, pero la antigua Torá se renovó de manera dinámica debido a la obra de Yeshúa, un mejor mediador que Moisés.

Chag - Por lo general, una fiesta bíblica como Pésaj, Shavuot o Sucot.

Estructura quiástica - es una técnica literaria en la que una historia se divide en dos mitades y los temas de la primera mitad de la historia se repiten en la segunda mitad de la historia en orden inverso. Además, las dos mitades de la estructura quiástica "apuntan" al elemento más importante de la estructura, el eje central. Esto se ilustra a continuación, donde "C" es el eje:

A. Daniel 2: Cuatro imperios gentiles del mundo
   B. Daniel 3: La persecución de los gentiles a Israel
      C. Daniel 4: La divina providencia sobre los gentiles
      C'. Daniel 5: La divina providencia sobre los gentiles
   B'. Daniel 6: La persecución de los gentiles a Israel
A'. Daniel 7: Cuatro imperios gentiles del mundo

He aquí un ejemplo del libro de Apocalipsis por capítulo, aportado por Mariela Pérez-Rosas, con "G" como el eje:

A 1 Prólogo y saludo: Alef-Tav[1]; el que viene
  B 2-3 Siete Iglesias
    C 4-5 Visión Celestial
      D 6-8 Siete sellos, siete trompetas
        E 7 Los sellados
          F 10-11 Ángel, 2 Testigos
            G 12 La Mujer - Hijo Varón - Dragón
          F 13 Dragón, 2 Bestias
        E 14 La Nueva Canción
      D 15-18 Siete plagas, siete copas
    C 19-20 Visión Celestial
  B 21 Nueva Jerusalén
A 22 Epílogo y despedida: Alef-Tav; Alfa-Omega; El que viene

Para un ejercicio fácil de comprensión de la estructura quiástica, recorta el gráfico de la menorá en el Apéndice. Dobla la menorá a lo largo de su eje, la rama central de las Semanas. La primera y la última rama se convertirán en "espejos" unos de otros, al igual que la segunda y sexta rama y la tercera y quinta rama.

Shabbat – El Shabbat comienza al atardecer los viernes por la noche y se extiende hasta el atardecer del sábado, el día séptimo.

Elohim – Dios el Creador.

Hermenéutica - Métodos de interpretación bíblica aplicando reglas aceptadas de interpretación.

Mashíaj - El Mesías, el Ungido

Meguilá - pergamino

Menorá – un candelabro, específicamente, el

---

1. Alfa y Omega en griego

candelabro dorado de siete brazos que estaba en el Lugar Santo del Tabernáculo y el Templo.

Metáfora: una cosa considerada como representativa o simbólica de otra cosa, especialmente algo abstracto.

Mitzvá – Mandamiento.

Moed(im) - alude a las estaciones y a las fiestas señaladas de Israel: Pascua, Panes sin Levadura, Primicias de la Cebada, las Primicias del Trigo (Pentecostés), las Trompetas, el Día de la Expiación y los Tabernáculos

Nedar - Voto. El plural es nedarim.

Pur - Propósitos, objetos de juego o azar; El plural es purim.

Rúaj HaKodesh - Espíritu Santo.

Sucá/Sucot - una cabaña cubierta o tabernáculo

Talit - un manto de oración con cuatro cordones de color azul fijados a sus esquinas.

TANAJ – Antiguo Testamento. Tanaj es un acrónimo de Torá, Neviim, Ketuvim o Ley, Profetas y escritos, las antiguas divisiones de la Biblia hebrea. Los libros del Tanaj son lo mismo que las biblias cristianas, pero no dispuestos en el mismo orden.

Torá: Los primeros cinco libros de la Biblia, malinterpretados como "ley" en las traducciones al español. La Torá es más exactamente, la enseñanza e instrucción de Dios. Contiene temas como ciencia, historia, procedimientos sacerdotales, estatutos civiles, ordenanzas, salud, agricultura, mandamientos, profecías, oración, ganadería, arquitectura, educación cívica y muchos otros. La raíz de la palabra Torá proviene de la palabra hebrea yarah, que significa "dar en el blanco". La Torá también se puede usar para referirse a toda la Biblia hebrea, o hasta en su más mínima acepción, un procedimiento. La Torá puede ser usada por los judíos mesiánicos para referirse a toda la biblia desde Génesis hasta el Apocalipsis, porque la Torá es el fundamento de todas las Escrituras. Los Profetas llevan a Israel de vuelta a la Torá. Los Salmos enseñan a amar la Torá como el rey David la amó. Los escritos enseñan las consecuencias de apartarse de la Torá y las recompensas por volver a ella. El nuevo testamento lleva la Torá a su significado más completo en la persona de Yeshúa el Mesías, y gran parte del nuevo testamento cita el Tanaj.

Yeshua - el nombre hebreo de Jesús; salvación.

1

PATRONES DE ESCRITURA

Los libros fundamentales de las Escrituras son los cinco libros de la Biblia o Pentateuco. Estos cinco libros de la Torá contienen profecías maravillosas; Sin embargo, muchas de ellas no son obvias. Están ocultas o cubiertas, y los matices de los acontecimientos no se revelan hasta más tarde en las escrituras. Esta es una maravilla a tener en cuenta. La Torá[2] no le fue dada a Moisés a través de sueños, visiones, o dichos oscuros. Se le dieron directamente. Estos cinco libros son los más sencillos ¡de las Profecías! La mayoría de las conferencias sobre profecía no comienzan en la Torá sino en los libros de los profetas y Apocalipsis.

A pesar de todo, las profecías forman un patrón en las Escrituras, y el patrón es una recurrencia de temas. Entender que los patrones están ahí es el primer paso para entender que la profecía bíblica se repite. No preguntes: "¿Cuándo se cumplirá esta profecía?" En lugar de eso, pregunta: "¿Cuántas veces se cumplirá? Las profecías de Ester detrás del velo encontrarán sus primeros ciclos en los libros de la Torá, principalmente en el Génesis.

La Creación en Génesis es la semilla que forma las profecías sucesivas de la Biblia. Las acciones específicas tomadas en los días 1-7 continúan

2. Para una visión general sencilla de la definición de "Torá", vea el libro BEKY ¿Qué es la Torá? por la autora.

desarrollándose en un ciclo de cumplimientos. Las muchas narrativas en la Torá nos dan una idea de al menos una porción del ciclo profético. Un ejemplo es el cruce del Mar de Juncos, que refleja los días uno a cuatro de la creación:

> Día Uno: La luz es separada de la oscuridad. Los israelitas son sacados de Egipto, y la columna de fuego los separa de sus enemigos. Incluso hubo una plaga en la que los hebreos tenían "luz en todas sus moradas", pero los egipcios sufrían de una oscuridad.

> Día Dos: Las aguas se separan de las aguas. Las aguas se separan y se amontonan para que los israelitas puedan dar el tercer paso...

> Día tres: Aparece la tierra firme. Los israelitas caminan sobre tierra seca. En el tercer día de la creación, los árboles aparecen, así como los manantiales y los ríos en la "reunión" de las aguas. En Mara, Moisés endulza una reunión de aguas amargas echando un palo, que es un etz (árbol), en hebreo.

> Día Cuatro: El sol, la luna y las estrellas aparecen para los moedim.[3] Moisés guía a los hebreos hacia el Monte Sinaí, donde recibirán instrucciones concernientes a los tiempos señalados de su calendario.

3. El calendario y las fiestas de la Pascua, los panes sin levadura, las primicias de la cebada y del trigo (semanas), las trompetas, Expiación, y Tabernáculos, también las estaciones. Los días festivos hebreos se establecen dentro de una estación en particular, no migratoria a lo largo del año como algunos calendarios lunares.

El patrón profético se extiende más allá del día cuatro, pero el ejemplo anterior demuestra cómo el patrón funciona. Es posible encontrar evidencia de este patrón del Génesis a lo largo de la Torá.

También hay conceptos presentados en una porción semanal anterior de la Torá[4] que se aplicará a unos más adelante. Los patrones de los primeros cinco libros de la Biblia, la Torá, están escritos en libros sucesivos de la Biblia también, incluyendo el Brit Hadashá.[5] Parte de la comprensión de la profecía es identificar un patrón de eventos conectados. El rabino David Fohrman escribe:

> Cuando en una historia, la Biblia cita repetidamente de una narración bíblica anterior, el texto está transmitiendo algo profundo al lector. La Biblia está creando su propio comentario sobre el sentido de su texto. Es decir, 'si realmente quieres entender lo que está pasando aquí, primero hay que entender lo que está pasando allá. Necesitas ver la segunda historia a la luz de la primera. (Fohrman, 2011)

La narración de la Torá sobre la vida de José es un ejemplo de comentario interno. Hay eventos muy específicos, lugares, objetos, temas y actitudes en la historia de José en el Génesis que se aplican a Yeshua el Mesías.[6] De hecho, la comprensión mesiánica en la literatura rabínica incluye al Mashíaj ben Yosef (Mesías Hijo de José), un Mesías que sufrirá por su pueblo. Los Evangelios se centran en este aspecto del Mesías y no tanto en su identidad como el Mashíaj ben David, el rey conquistador como se describe en Apocalipsis. El siervo sufriente José y el rey David tipos y sombras aparecen ambos en el Rollo de Ester, un libro lleno de profecías. Esta es una línea de investigación a seguir.

Otra línea de investigación incluye una sección de la Torá llamada Nedarim, o Votos. Los votos en la Torá están conectados con los chagim,[7] pero hoy en día son obscuros en la práctica. No hay Templo en el que un israelita pueda pagar sus votos, ni un

4. Hay un leccionario de la Torá y los Profetas que se lee en las sinagogas semanalmente por lo que toda la Torá se cubre en un año. Algunas congregaciones siguen un horario trienal, lo que permite el estudio de porciones más pequeñas.

5. El nuevo testamento o nuevo pacto.

6. Jesús Cristo

sacerdocio funcional para recibirlos. A pesar de la practicidad de tal profecía en la Torá, hay una conexión temática en Ester con los votos y las fiestas: Pascua, los panes sin levadura, las primicias de la cebada, las primicias del trigo, Fiesta de las Trompetas, El Día de las Cubiertas y los Tabernáculos.

Español	Transliteración del hebreo
Pascua	Pesach
Panes sin Levadura	Chag HaMatzah
Primicias de la cebada	Yom HaBikkurim
Pentecostés o semanas	Shavuot
(Trigo)Trompetas	Rosh HaShanah/Yom Teruah
Expiación o "Cubiertas"	Yom HaKippurim
Tabernáculos o Juntarse	Sukkot, Asiph

A la profecía se le da mayor alcance a medida que se desarrolla en las escrituras, ampliando la comprensión de la Torá fundamental con la ayuda de los comentarios internos. Por ejemplo, a veces las Escrituras dan instrucciones que parecen aplicarse solo en un área específica o a una persona específica, pero posteriormente se amplía su aplicación. Un área son las responsabilidades específicas dadas al hombre israelita o marido. Al esposo se le da la responsabilidad principal de proveer alimento, refugio y derechos conyugales a su esposa. Esas son obligaciones irreductibles para un hombre sano.

Nahúm Uno insta a Judá a cumplir sus votos en relación con la observancia de los chagim. Los chagim son las tres "fiestas de peregrinación" dela Pascua, las Semanas y los Tabernáculos. Los moedim son generalmente Pésaj, Panes sin levadura, primicias de cebada, semanas, trompetas, expiaciones y tabernáculos.

Por otro lado, Proverbios treinta y uno, aunque es una parábola del Espíritu Santo, describe una mujer que ayuda a satisfacer dos de esas tres necesidades familiares. En cuanto a la tercera, los derechos conyugales, aunque al esposo se le da la responsabilidad principal, Pablo afirma que las mujeres también lleven la responsabilidad; Pablo dice que la mujer no tiene la autoridad de su propio cuerpo, sino que el hombre, y el hombre no tiene la autoridad de su propio cuerpo, sino la mujer. Pablo dice que ninguno de los dos debe abstenerse de dicha responsabilidad, a menos que sea de mutuo acuerdo para un fin específico de ayuno y oración.[8] Los hombres son los principales profetas y evangelistas en Israel, sin embargo, el papel también lo desempeña; María, Hulda, Débora, las siete hijas de Felipe, las mujeres de Hechos Dos, y otros. Pablo da instrucciones de Corinto para las mujeres que profetizan dentro de la congregación local. La pregunta es no hablarán para profetizar, sino cómo deben hacerlo.

Los hombres pasan por un proceso de selección para ser aptos para la guerra, sin embargo, Débora es convocada por Barak en el libro de los Jueces para dirigir el ejército israelita. Los jueces en Israel tienen criterios que se aplican específicamente a hombres, sin embargo, Débora desempeña ese papel de interpretar y aplicar la Torá para la tradición pre monárquica en Israel. A los hombres se les da la responsabilidad principal de asistir a las tres fiestas de peregrinación, sin embargo, es evidente a través de las escrituras que familias enteras asisten y celebran. Así es como Yeshúa logró asistir a una discusión bíblica con los principales eruditos en el Templo a la edad de doce, dando un susto tanto a su padre como a su madre. Estos son solo algunos de los patrones de espejos, pero Ester añadirá tal vez la más bella de todas.

El rollo de Ester está lleno de comentarios internos proféticos similares. Ester explica cómo los roles masculinos y femeninos funcionan en obediencia al Espíritu Santo en orden. Los esposos y los padres son dados la responsabilidad de la validación del voto de una mujer en Números 30:1-16. Sin embargo, en el Rollo de Ester, ese papel se invierte, o más exactamente, se expande. De hecho, Ester se enfrenta a la muerte si no cumple... o tal vez compartir... el rol "masculino".

8. El marido cumpla con la mujer el deber conyugal, y asimismo la mujer con el marido. La mujer no tiene potestad sobre su propio cuerpo, sino el marido; ni tampoco tiene el marido potestad sobre su propio cuerpo, sino la mujer. No os neguéis el uno al otro, a no ser por algún tiempo de mutuo consentimiento, para ocuparos sosegadamente en la oración; y volved a juntaros en uno, para que no os tiente Satanás a causa de vuestra incontinencia. 1 corintios 7:3-6

¿Por qué tantas de estas gemas están veladas a lo largo de las Escrituras? Hay al menos 70 respuestas, pero una respuesta es el misterio de los gentiles. Cuando las mujeres están involucradas, la tienda de Israel se agranda.

PRIMAVERA OTOÑO
Deuteronomio 6:6

Esíritu de sabiduría	Espiritu de entendimiento	Espiritu de Comsejo	Espiritu de Adonai	Espiritu de Poder	Espiritu de Sabiduria	Espiritu de Reverencia
Chokmah	Binah	Etzah	Ruaj Adonai	Gvurah	Daat	Yirat Adonai
Efeso	Smirna	Pergamo	Tiatira	Sardis	Filadelfia	Laodisea
Fiesta de Pascua	Fiesta de panes sin levadura	Fiesta de primeros Frutos	Fiesta de Shavuot	Fiesta de las Trompetas	Día de Expiación	Fiesta de Tabernaculos
Luz y Tinieblas	Aguas inferiores y Superiores	Tierra, Fruto, Plantas que dan semilla	Sol, luna y estrellas	Aves y Peces	Hombre y Bestias	Shabbat
DÍA UNO	DÍA DOS	DÍA TRES	DÍA CUATRO	DÍA CINCO	DÍA SEIS	DÍA SIETE

15

2

EL ENCUBRIMIENTO

Una de las primeras pistas de la Torá en la investigación de los secretos de Ester es en realidad un fracaso. Este fracaso implicó el intento de un gentil de unirse a la familia de Israel. Dina era hija y hermana de Israel. Ella fue violada por un príncipe gentil, Siquem, pero aparentemente él se había arrepentido[9] de su pecado y quería enmendarlo casándose con ella. En cambio, los hermanos de Dina, Simón y Leví, mataron a los siquemitas, algo que fue posible al engañarlos para que cumplieran un mandamiento, la circuncisión.

> Entonces Jacob dijo a Simeón y Leví:
> Me habéis turbado con hacerme
> abominable a los moradores de
> esta tierra, el cananeo y el ferezeo;
> y teniendo yo pocos hombres, se
> juntarán contra mí y me atacarán,
> y seré destruido yo y mi casa. Pero
> ellos respondieron: ¿Había él de
> tratar a nuestra hermana como a
> una ramera? (Génesis 34:30-31)

Aunque los dos hermanos efectivamente impidieron que los gentiles se unieran a la casa de Israel, la pista la dan Simón y Leví. Esa pista es un hilo conductor

9. El arrepentimiento puede ponerse en duda ya que Siquem no libera a Dina para que vuelva con su familia. La negociación bajo coacción no es una negociación libre.

presente en toda la Torá, los Profetas, los Escritos y el Nuevo Pacto. El hilo conductor será la cuestión nublada del carácter de una mujer:

- ¿Hermana o ramera?
- ¿Mujer virtuosa o prostituta?
- ¿Esposa fiel o adúltera?

Dina era virgen, pero fue tratada como una ramera. Esta es una parte de la pista. Son las motivaciones de los hombres que en realidad están expuestas por la pregunta sobre el carácter de Dina. En el Rollo de Ester, hay una pregunta similar escondida en una pequeña ambigüedad gramatical. Hasta el día de hoy, aquellos que celebran Purim[10] usan máscaras o disfraces, ocultando su verdadera identidad. Desde la Torá hasta los Evangelios, las mujeres ocultan y revelan la rectitud. Incluso María Magdalena, la primera testigo de la resurrección, es a menudo retratada como una mujer libertina sin ninguna evidencia textual real. Como había sido liberada de siete espíritus, se supone que era una mujer de mal carácter.

Ester es una mujer que cumple un papel oculto. De hecho, quienes celebran su fiesta de Purim[11] son caracterizados por llevar máscaras o disfraces, ocultando su verdadera identidad. Hadassah es el nombre hebreo de Ester. El rey persa buscó un reemplazo para la reina Vasti. Cuando es seleccionada por los mensajeros del rey Ajashverosh[12] para convertirse en parte de su harén, ella es Ester. Ester es "estrella" en persa, pero "secreta" en hebreo. El primo de Hadassah, Mardoqueo, quien la cuidó después de que quedó huérfana, le advirtió que ocultara su identidad. Esto fue lo que ella hizo. Aunque Ester se pone la máscara de un nombre persa, su nombre hebreo es Hadassah, que significa árbol de mirto. El mirto es una de las ramas frondosas que se agitan hacia los cuatro rincones de la tierra con el lulav[13] durante la Fiesta de Sucot. El nombre mismo de Ester hace alusión a Sucot,[14] y su condición

10. La fiesta de Ester

11. La fiesta del recuerdo y la victoria que Ester declaró que el pueblo judío celebraría. Purim conmemora la salvación de los judíos registrada en el Rollo de Ester.

12. El rey Asuero o Jerjes

de huérfana y extranjera en el exilio persa también hace alusión a Sucot.

Sucot es un tiempo señalado para acoger y hacer el bien al forastero, al extranjero, al huérfano y a la viuda. Los 70 años de exilio en Babilonia[15] asignados a Judá también aluden a Sucot, la Fiesta de las Naciones, cuando se ofrecían 70 toros en el Templo durante el moedim. Setenta es un número que representa a las naciones. Israel descendió a Egipto en número de 70, y las naciones se dividieron según ese número.[16]

Así como Hadasá ocultó su identidad judía del rey, las Fiestas de Otoño están temáticas con cubiertas (Yom HaKippurim, el Día de las Cubiertas), las nubes de la Fiesta de las Trompetas, e incluso la sucá[17] de Sucot es una cubierta.[18] ¡Su esposo, el rey Ajashverosh, no sabe quién es la reina Ester hasta el Día de la Angustia! Para comparar otras situaciones de identidades equivocadas o cuestionables, recurramos a la Torá para establecer el contexto. Construyamos algunas preguntas para guiar nuestro pensamiento:

- ¿Quiénes son "Estas"?
- ¿Quién es Ester?
- ¿Quiénes son las otras matriarcas y heroínas de las Escrituras? ¿Cuál es el patrón de su pensamiento y acciones?
- ¿Ester encaja en este patrón?
- ¿Cuál es su objetivo final al ocultar sus identidades?
- ¿Quiénes se beneficiarán?
- Comencemos con la pregunta: "¿Quiénes son?"

13. Ramas de palmera, mirto y sauce, y un fruto de cidra

14. La fiesta de los Tabernáculos

15. En sentido figurado las naciones, pues Babilonia (Babel) era el lugar desde el que se dispersaron las naciones y las lenguas

16. Éxodo 1:5; Deuteronomio 32:8

17. Un refugio temporal de tres lados techado con ramas y decorado con frutas y otros productos agrícolas

18. Véase el *Evangelio de la Creación Libro de trabajo uno*

3

CAIN NO ERA ABEL

Ya en la historia de Caín y Abel se ilustra el ciclo de la profecía. Los dos muchachos traen cada uno un regalo al altar miketz yamim "al final de los días", una profecía.[19] Sus regalos sugieren los que traía Israel a la Fiesta de los Tabernáculos, o Sucot, que era el fin del año de las fiestas. Estas fiestas, incluso cuando Caín y Abel las celebran más como un prototipo, son parte del patrón de la profecía. Al traer lo mejor de su rebaño, Abel profetizó una reunión al final de los días. Sin embargo, a veces puede ser un misterio para los personajes bíblicos quiénes son estas ovejas:

> (Esaú a Jacob) Alzó los ojos y vio a las mujeres y a los niños, y dijo: "¿Quiénes son estos que están contigo?". Y él respondió: "Los hijos que Dios ha dado a tu siervo". (Génesis 33:5)

> (Jacob a José) Cuando Israel vio a los hijos de José, dijo: "¿Quiénes son estos?". José respondió a su padre: "Son mis hijos, que Dios me ha dado aquí". Y él dijo: "Te ruego que me los traigas, para que los bendiga". (Génesis 48:8-9)

19. Génesis 4:3 El hebreo tiene diferentes traducciones al español, menos literales, como "en el transcurso del tiempo".

(El Santo a Raquel) Los hijos que te fueron privados [en el exilio] aún dirán en tus oídos: "El lugar es demasiado estrecho para mí; hazme lugar para que pueda vivir aquí". Entonces dirás en tu corazón: "¿Quién me ha engendrado estos, ya que he sido privada de mis hijos y soy estéril, desterrada y errante? ¿Y quién ha criado a éstos? He aquí, yo me quedé sola; ¿De dónde han venido éstos? Así dice el Señor DIOS: He aquí que yo alzaré mi mano a las naciones y a los pueblos alzaré mi bandera; traerán a tus hijos en su seno, y tus hijas serán llevadas en sus hombros. (Isaías 49:20-22)

(El Santo a Israel y Jerusalén) ¿Quiénes son éstos que vuelan como nubes y como palomas a sus enrejados? Ciertamente las costas me esperarán, y las naves de Tarsis vendrán primero, para traer a tus hijos de lejos, su plata y su oro con ellos, al nombre del SEÑOR tu Dios, y al Santo de Israel que te ha glorificado. (Isaías 60:8-9)

A continuación, se presenta un resumen de "Estos", que eventualmente producirá ese comentario interno sobre el Rollo de Ester y resolverá la pregunta de quién es ella. "Estos" son:

- Mujeres y niños
- Exiliados de Israel y Jerusalén
- Regalo de Dios
- Los hijos de José (nacidos en Egipto/naciones)
- Bendición
- Niños desaparecidos

- Hijos de una mujer estéril, exiliada y errante que se quedaron solas
- Ocultos y criados entre las naciones para volar a casa como palomas que regresan
- Regresaron a casa por las naciones
- Acompañados de plata y oro

Aquí hay más pistas de un tema asociado en Génesis 48, los pastores:

> Y bendijo a José y dijo: "El Dios en cuya presencia anduvieron mis padres Abraham e Isaac, el Dios que ha sido mi pastor toda mi vida hasta este día, el ángel que me ha redimido de todo mal bendiga a los muchachos; y que en ellos perdure mi nombre, y el nombre de mis padres Abraham e Isaac; y multiplíquense en medio de la tierra" (Génesis 48:15-16).

Incluso al dar esta bendición a sus nietos, Jacob parece confundido ante José:

> Cuando José vio que su padre ponía su mano derecha sobre la cabeza de Efraín, esto le desagradó, y tomó la mano de su padre para pasarla de la cabeza de Efraín a la cabeza de Manasés. Entonces José dijo a su padre: "No así, padre mío; ya que éste es el primogénito, pon tu mano derecha sobre su cabeza".

> Pero su padre rehusó y dijo: "Lo sé, hijo mío, lo sé. Él también vendrá a ser un pueblo, y él también será grande. Sin embargo, su hermano menor será más grande que él, y su descendencia llegará a ser una

multitud de naciones" (Génesis 48:17-19).

20. Véase también Génesis 49:24

¡Jacob no estaba confundido en absoluto acerca de la identidad de Efraín! Él sabía exactamente quiénes eran "estos". La bendición de Jacob añade el concepto de pastor[20] al de las naciones. Apliquemos otra herramienta hermenéutica, la Regla de la Primera Mención.[21] ¿Quién fue el primer pastor? Abel.

Aunque parecen no tener relación, la raíz hebrea del nombre José y quién lo nombró son importantes. La raíz hebrea es asaf, que significa añadir o aumentar en número; reunir. La madre de José, Raquel, era una pastora, una mujer anteriormente estéril, y le puso ese nombre porque quería que Adonai añadiera más hijos a sus filas. Lea atentamente los relatos de Abel y Raquel para construir el contexto:

21. La regla de la primera mención permite que la primera mención de una palabra o concepto en las Escrituras establezca su significado fundamental. Al hacer referencia a Génesis Uno, estamos usando la regla de la primera mención para establecer el significado de conceptos como oscuridad, luz, agua, sol, luna, estrellas, pájaros, peces, hombre, etc. Otra regla es la regla de la mención completa. En la yeshivá, se la conoce como la séptima regla de interpretación de Hillel: Davar hilmad me'anino (Explicación obtenida del contexto). Esta regla establece que se debe considerar el contexto total, no solo la declaración aislada, para una exégesis precisa.

- Raquel, la "oveja"[22] y pastora en Génesis 35:15-20
- Abel, el pastor en Génesis 4:1-10
- La narración proto-profética de Caín y Abel describe a los hermanos trayendo sus regalos al "final de los días". En hebreo, esto es miketz yamim. Esto describe Sucot, la última de las fiestas anuales, los últimos días de celebración. En esta fiesta, es apropiado traer las primicias del rebaño o de los productos agrícolas. Abel trae corderos selectos del rebaño, su mejor regalo. Caín, en cambio, trajo del "fruto de la tierra".[23]

El mandamiento, sin embargo, dice:

Y tomarás de las primicias de todo fruto de la tierra que saques de tu tierra que Hashem tu Dios te da... Te acercarás a quien haya de ser el sacerdote en aquellos días y le dirás: "Yo declaro hoy... Y ahora, ¡he aquí!

He traído las primicias de los frutos
de la tierra... (Deuteronomio 26:1
Rollo)

¿Por qué era tan importante para Caín y Abel
traer su mejor regalo durante los últimos días?
Proféticamente, ¿quién se beneficiaría de la Fiesta
de Sucot? Las categorías clave de personas son
nombradas:

Celebrarás la Fiesta de las Cabañas
siete días después de que hayas
hecho la cosecha de tu era y
de tu lagar; y te alegrarás en tus
fiestas, tú y tu hijo y tu hija, tu siervo,
tu sierva, el levita, el extranjero,
el huérfano y la viuda que estén
en tus ciudades... Jehová tu Dios
te bendecirá en todos tus frutos y
en toda la obra de tus manos, y
estarás verdaderamente alegre.
(Deuteronomio 16:13-15)

Y acontecerá que los que
sobrevivan de todas las naciones
que fueron contra Jerusalén,
subirán de año en año para adorar
al Rey, Jehová de los ejércitos,
y para celebrar la fiesta de los
Tabernáculos. Y sucederá que a
los de las familias de la tierra que
no suban a Jerusalén para adorar
al Rey, Jehová de los ejércitos,
no les caerá lluvia. Si la familia de
Egipto no subiere ni entrase, no les
caerá lluvia; será la plaga con que
herirá Jehová a las naciones que
no suban a celebrar la fiesta de los
Tabernáculos. Éste será el castigo
de Egipto, y el castigo de todas las
naciones que no suben a celebrar la
Fiesta de los Tabernáculos. (Zacarías

22. Raquel
significa cordera

23, Véase *Libro
de ejercicios del
Evangelio de la
creación Uno*

Observe un paralelismo en Zacarías. El destino de Egipto es igual al destino de todas las naciones. Egipto es simbólico de todas las naciones que escondieron a los hijos exiliados de Raquel, representados por José, el hijo con el nombre vinculado con Sucot. De todas las matriarcas, Raquel es enterrada de manera extraña. Es enterrada en el camino a Belén. Según la tradición, es para que interceda por sus hijos que están siendo sacados de Jerusalén al exilio en Babilonia, y así los verá regresar y dirá: "¿Quiénes son estos? ¿De dónde vinieron?" Puede que parezcan un poco más babilónicos que israelitas cuando regresen.

Egipto fue el lugar de la primera Pascua israelita, e inmediatamente después de dejar su exilio en Egipto con la multitud mixta de otras naciones, los hebreos acamparon en Sucot. Del modelo de Raquel en Génesis 35:15-20 aparecen algunas claves de contexto:

- El nombre Ben-Oni, hijo del sufrimiento o la aflicción; ani significa pobre o afligido
- Sufrimiento amargo
- Trabajo severo
- Todo esto son alusiones a la Pascua de Egipto. Ben-Oni hace alusión al Pan de la Aflicción (HaLachma Ania), que es la matzá de Pascua, el pan sin levadura que se come con las hierbas amargas.

Representan las amargas lágrimas derramadas durante la esclavitud egipcia y el exilio de la Tierra Prometida. A pesar de la aflicción, los hebreos aumentaron. Como profetizaba el nombre de José, Raquel tuvo más hijos:

Pero cuanto más los oprimían
(anah), más se multiplicaban y más
se extendían, de modo que temían

a los hijos de Israel. (Éxodo 1:12)

Otra pista del contexto fue el duro trabajo de parto de Raquel. Esto está relacionado con la palabra hebrea que a menudo se traduce en español como tribulación (tzar), apretar en un lugar estrecho. La raíz hebrea de Egipto es la misma, tzar. Egipto en hebreo es Mitzraim, que literalmente se puede traducir como "el medio por el cual se cumplen las tribulaciones" o "de las tribulaciones".[24] Sucot de las Naciones comienza con la Pascua de Egipto:

> Los hijos de Israel habían hecho conforme a la palabra de Moisés, pues habían pedido a los egipcios objetos de plata y objetos de oro, y vestidos; y el SEÑOR había concedido al pueblo gracia ante los ojos de los egipcios, y ellos les concedieron lo que pidieron. Así saquearon a los egipcios. Los hijos de Israel partieron de Ramsés a Sucot, unos seiscientos mil hombres de a pie, sin contar los niños. También subió con ellos una multitud mixta, junto con rebaños y manadas, una cantidad muy grande de ganado. (Éxodo 12:35-38)

Raquel y Abel representan el papel de un pastor. Raquel representa el sufrimiento de la Pascua por sus corderos. Abel describe la expectativa de las naciones en Sucot, un gran número de rebaños representados por sus mejores animales. Si el primero es santo y bueno, entonces también lo es el resto del rebaño o campo. En la menorá de las fiestas, se declara el fin desde el Principio. La Pascua está conectada con Sucot.[25] El siguiente texto de Jeremías dirigido a Raquel agrega más pistas de contexto:

> Oíd palabra de Jehová, oh

24. Véase el *Evangelio de la Creación Libro de trabajo uno*

naciones, y hacedlo saber en las costas que están lejos, y decid: El que esparció a Israel lo reunirá y guardará, como el pastor a su rebaño. Porque Jehová redimió a Jacob, lo redimió de mano del más fuerte que él. Y vendrán con gritos de gozo en lo alto de Sion, y correrán al bien de Jehová, al pan, al vino, al aceite, y al ganado de las ovejas y de las vacas; y su alma será como huerto de riego, y nunca más tendrán dolor. Entonces la virgen se alegrará en la danza, los jóvenes y los viejos juntamente; y cambiaré su lloro en gozo, y los consolaré, y los alegraré de su dolor. Y el alma del sacerdote satisfaré con abundancia, y mi pueblo será saciado de mi bien, dice Jehová.

Así ha dicho Jehová: Voz fue oída en Ramá, llanto y lloro amargo; Raquel que lamenta por sus hijos, y no quiso ser consolada acerca de sus hijos, porque perecieron. Así ha dicho Jehová: Reprime del llanto tu voz, y de las lágrimas tus ojos; porque salario hay para tu trabajo, dice Jehová, y volverán de la tierra del enemigo. Esperanza hay también para tu porvenir, dice Jehová, y los hijos volverán a su propia tierra (Jeremías 31:10-17)

En Jeremías 31:10-17 hay varias claves temáticas contextuales para los jagim, las tres fiestas de peregrinación de Pesaj, Shavuot y Sucot.

Pistas de contexto de Sucot:

25, Ibíd

- Naciones

- Un pastor cuida y reúne a su rebaño
- Alegría
- Granos, vino nuevo, aceite
- Crías del rebaño y de la manada
- Pista de contexto de Shavuot:
- Tu trabajo será recompensado[26]
- Pistas de contexto de Pesaj:
- Lamentación y llanto amargo
- Rechazo de consuelo
- Luto y tristeza

La mayor parte de este pasaje de Jeremías podría estar dirigido a Jacob, no a Raquel, porque él era el que estaba de luto, ¡y eran sus hijos los que estaban de luto por Raquel! Cuando se enfrenta a la posible pérdida de su hijo menor, Benjamín, Jacob es el que dice: "Si estoy de luto, estoy de luto". ¡Jacob era el extraño y un vagabundo! Jeremías nos está impulsando a comprender tanto el lado "masculino" como el "femenino" de esta profecía.

26. El Libro de Rut se asocia tradicion-al-mente con Shavuot y se lee en él. (Booz a Rut) "El SEÑOR bendiga tu trabajo y te dé *una recompensa completa...*"

4

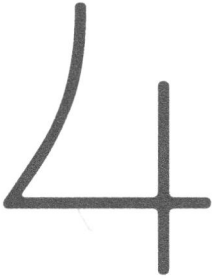

¿RAMERA ESCARLATA U OTRA MADRE?

En su profecía, Jeremías menciona que los hijos de Raquel "no existen más". José y Benjamín sí vivieron, pero los hermanos de José lo describen como "no existe más" cuando creen que es solo un virrey egipcio, no su hermano. Raquel murió camino a Efrata,[27] y ella es la única entre las matriarcas y patriarcas que no fue enterrada en la cueva de Macpela. La raíz de Efrata es perat, que significa fruto. El fruto es una ofrenda que se lleva en Sucot, y hay que mencionar el Éxodo de Egipto cuando se ofrece el fruto en canastas[28]. Raquel murió y fue enterrada sola antes de poder llegar a Efrata, el fruto de Sucot.

La raíz del nombre de José, asaf, es la forma de otra palabra para Sucot, la Fiesta de la Recolección, Asiph. Raquel nombró a su segundo hijo Ben-Oni, lo que sugiere el sufrimiento de Pesaj. Jacob, sin embargo, cambia el nombre a Ben-Yamin, hijo de la Mano Derecha, lo que sugiere el trono, un símbolo clave de Sucot y las fiestas de otoño. Raquel no será consolada hasta que sus hijos de cada nación, tribu y lengua le sean devueltos en la Tierra. El contexto de Génesis 48:3-8 proporciona más pistas:

27. Belén

28. Deuteronomio 26

31

Entonces Jacob dijo a José: "El Dios Todopoderoso se me apareció en Luz en la tierra de Canaán y me bendijo, y me dijo: 'He aquí, yo te haré fructífero y te haré numeroso, y te haré una estirpe de pueblos, y daré esta tierra a tu descendencia después de ti en posesión perpetua...' En cuanto a mí, cuando volvía de Padán, Raquel murió, para mi tristeza, en la tierra de Canaán, en el camino, cuando todavía faltaba un trecho para llegar a Efrata; y la enterré allí, en el camino de Efrata...

Cuando vio Israel a los hijos de José, y dijo: ¿Quiénes son éstos? José respondió a su padre: Son mis hijos, que Dios me ha dado aquí. Y él dijo: Te ruego que me los traigas, para que los bendiga. (Génesis 48:3-9)

En la conversación de Jacob con José hay una pista hebrea: "Raquel murió, para mi dolor, en la tierra de Canaán, en el camino, cuando todavía faltaba un trecho para llegar a Efrata; y la enterré allí, en el camino de Efrata..." Una pista es un uso inusual de una palabra hebrea para "dolor". La palabra que Jacob usó para dolor es alai, que implica que Raquel murió a causa de Jacob.

Dolor = alai = Por mi causa, en mi nombre, a causa de, por causa de...

La pastora Raquel sufrió al dar a luz y perder a sus hijos por "causa de Jacob". Aunque podríamos atribuir la muerte de Raquel a la maldición que Jacob pronuncia sobre quienquiera que tenga los ídolos de la casa de Labán,[29] puede ser más profundo que eso. ¿Y si fuera por la Promesa?

29. Génesis 31:32

Que el Dios Todopoderoso te
bendiga y te haga fructificar y te
multiplique, para que llegues a ser
una multitud de pueblos. (Génesis
28:3)

El sufrimiento de Raquel, representado por la Pascua,
fue para que la Promesa transmitida de Abraham a
Isaac y a Jacob de que llegarían a ser una "multitud
de pueblos" pudiera cumplirse en el Sucot de las
Naciones profetizado por Zacarías.

Entonces Dios dijo a Abraham... Sara
será su nombre. La bendeciré, y he
aquí que te daré un hijo de ella.
Y la bendeciré, y será madre de
naciones; reyes de pueblos saldrán
de ella. Entonces Abraham se postró
sobre su rostro y se rió, y dijo en su
corazón:

¿Le nacerá un niño a un hombre
de cien años? ¿Y Sarah, que es de
noventa años, dará a luz un hijo?
(Génesis 17:15-17)

Sara, Rebecca y Raquel soportaron
largos períodos de esterilidad,
pero cada una concibió hijos de
la promesa. Los hijos de estas tres
matriarcas estériles están exiliados
y escondidos entre las naciones,
como la parábola de Yeshúa
de la buena levadura del Reino
escondida en tres medidas de
harina.[30] Estas mujeres anhelaban
ver cumplida la promesa.
Proféticamente, soportaron la
Pascua por Sucot. Raquel aún llora
por sus hijos. La pastora anhela que
sus ovejas regresen a casa. ¿Qué

30. Mateo 13:33

tiene en común con Abel?

Una voz que llega hasta los cielos
Muerte prematura, enterrado solo
Los corderos y el pastoreo
Una profecía de Sucot.

La ofrenda de Abel en Sucot era un acto de obediencia que profetizaba la reunión de los exiliados ¡Incluso antes de que existieran las naciones! Caín no guardó la fiesta como se le había ordenado, no compartió su primera fruta, la mejor. Cada acto de obediencia a la palabra de Dios puede ser una profecía que afirma su voluntad en la tierra. La sangre de Abel sigue clamando desde la tierra por las naciones. Al igual que José, que "no estaba más" debido a sus sueños y a su túnica de naciones multicolores, Abel fue despreciado por su visión. ¡Guardar las fiestas del Señor en Espíritu y Verdad traerá sufrimiento antes de que traiga recompensa!

Entonces, ¿quiénes son estos? Estos son los corderos perdidos del pastor Abel, los hijos desaparecidos de Raquel en cada generación. Yeshúa todavía está buscando pastores y pastoras en esta generación para proclamar el evangelio adorando a Adonai en sus tiempos señalados, Sus fiestas. El discípulo Pedro es un ejemplo de cómo Abeles y Raqueles están llamados hoy a buscar las ovejas y cuídalas para que Raquel pueda ser consolada.

Esta era ya la tercera vez que Jesús
se manifestaba a sus discípulos,
después de haber resucitado de los
muertos. Cuando hubieron comido,
Jesús dijo a Simón Pedro: Simón, hijo
de Jonás, ¿me amas más que estos?

Le respondió: Sí, Señor; tú sabes que te amo.
Él le dijo: Apacienta mis
corderos. Volvió a decirle la

segunda vez: Simón, hijo de Jonás, ¿me amas?

Pedro le respondió: Sí, Señor; tú sabes que te amo. Le dijo: Pastorea mis ovejas. Le dijo la tercera vez: Simón, hijo de Jonás, ¿me amas? Pedro se entristeció de que le dijese la tercera vez: ¿Me amas? y le respondió: Señor, tú lo sabes todo; tú sabes que te amo.

Jesús le dijo: Apacienta mis ovejas. De cierto, de cierto te digo: Cuando eras más joven, te ceñías, e ibas a donde querías; más cuando ya seas viejo, extenderás tus manos, y te ceñirá otro, y te llevará a donde no quieras. Esto dijo, dando a entender con qué muerte había de glorificar a Dios. Y dicho esto, añadió: Sígueme. (Juan 21:14-19)

Hay un costo por vivir la vida profética de Abel y Raquel. Requiere el sacrificio de muerte, una Pascua para que nosotros, como el Cordero que fue inmolado, podamos ser dignos de nuestro llamado. La promesa del Padre es engendrada a través de las tribulaciones. A pesar de todo, Yeshúa dice: "¡Sígueme!"

Yo soy el buen pastor; y conozco mis ovejas, y las mías me conocen, así como el Padre me conoce, y yo conozco al Padre; y pongo mi vida por las ovejas. También tengo otras ovejas que no son de este redil; aquellas también debo traer, y oirán mi voz; y habrá un rebaño, y un pastor. Por eso me ama el Padre, porque yo pongo mi vida, para volverla a tomar. (Juan 10:14-17)

¿Qué dice la reina Ester cuando acepta presentarse ante el rey a riesgo de su vida para encontrar salvación para los hijos exiliados de Judá e Israel? "Si perezco, perezco". Los corderos estaban en peligro. Aquel que la llamó a la hora señalada, que sucedió durante los días de Panes sin Levadura, podría recobrar su vida si perecía en obediencia a Él.

Otro magnífico ejemplo del modelo que añade las naciones a Israel es el Libro de Rut, que se lee en Shavuot. En resumen, estos puntos forman parte de la narrativa:

- Viuda y forastera
- Regresa a la Tierra de Israel
- Obedece el Pacto de Israel (Torá)
- Se convierte en una novia del Pacto en Israel y
- Produce descendencia (personas) en la Tierra y el Pacto

¿Qué tal si la descendencia de Judá nunca hubiera vivido para sufrir las tribulaciones del exilio en Babilonia y la amenaza de la espada de Amán? En la narración de Tamar y Judá hay un resumen que incluye la pista añadida de Ruth de "viuda", una de las clases especiales de huéspedes en Sucot. Otra pista que relaciona al lector regresa a la hermana Dina, que fue tratada como una "ramera":

- Tamar es viuda
- Confundida con una prostituta del templo y adúltera
- Una extranjera, una cananea

¿Fue Tamar una mujer virtuosa y una madre en Israel? Su disfraz era muy efectivo para liderar Judá al principio para creer lo contrario:

Entonces Judá dijo: ¿Qué prenda te daré? Ella respondió: Tu sello, tu cordón, y tu báculo que tienes en tu mano. Y él se los dio, y se llegó a ella, y ella concibió de él. Luego se levantó y se fue, y se quitó el velo de sobre sí, y se vistió las ropas de su viudez. (Génesis 38: 18-19)

Y Judá envió el cabrito de las cabras por medio de su amigo el adulamita, para que este recibiese la prenda de la mujer; pero no la halló. Y preguntó a los hombres de aquel lugar, diciendo: ¿Dónde está la ramera de Enaim junto al camino? Y ellos le dijeron: No ha estado aquí ramera alguna. Entonces él se volvió a Judá, y dijo: No la he hallado; y también los hombres del lugar dijeron: Aquí no ha estado ramera. Y Judá dijo: Tómeselo para sí, para que no seamos menospreciados; he aquí yo he enviado este cabrito, y tú no la hallaste.

Sucedió que al cabo de unos tres meses fue dado aviso a Judá, diciendo: Tamar tu nuera ha fornicado, y ciertamente está encinta a causa de las fornicaciones. Y Judá dijo: Sacadla, y sea quemada. Pero ella, cuando la sacaban, envió a decir a su suegro: Del varón cuyas son estas cosas, estoy encinta. También dijo: Mira ahora de quién son estas cosas, el sello, el cordón y el báculo. Entonces Judá los reconoció, y dijo: Más justa es ella que yo... (Génesis 38:20-26)

La pregunta de Tamar a Judá es exactamente lo que le pregunta Judá a Jacob cuando trajo la túnica manchada de sangre de José a su padre Jacob. Por favor, examina esta prenda. ¿Es esta la túnica de tu hijo o no?

Sin la justicia y las valientes acciones de Tamar, Judá no habría tenido descendencia para perpetuarse en la Tierra, el Pacto, y entre el Pueblo del Mesías. Tamar pide de Judá signos de autoridad, su vara, su sello y su cordón[31]. Dos de estos emblemas se extienden a la Reina Ester también. El anillo de sello es su autoridad para escribir en nombre del Rey, y dos veces el rey extiende su cetro, el bastón real de autoridad y favor.[32] La bendición tribal de Judá es sostén el cetro en Israel. Valientemente, Tamar no permite que esta bendición ni el linaje real de Judá sea cortado de Israel.

Hay otro extranjero que es de carácter cuestionable, Rahab. Aunque se llame prostituta, y aunque no tiene marido, es una mujer virtuosa y heroica:

- Ayudar e instigar el regreso de Israel a la Tierra de Israel
- casarse con el Pacto de la Torá, adquiere un esposo, Josué[33]
- Convertirse en parte del Pueblo de la Alianza
- Producir descendencia del Pacto en la Tierra

Examina los siguientes pasajes de cerca en busca de pistas contextuales:

Y ellos le dijeron: Nosotros quedaremos libres de este juramento con que nos has juramentado. He aquí, cuando nosotros entremos en la tierra, tú atarás este cordón de grana a la ventana por la cual nos descolgaste; y reunirás en tu casa

a tu padre y a tu madre, a tus
hermanos y a toda la familia de tu
padre. Cualquiera que saliere fuera
de las puertas de tu casa, su sangre
será sobre su cabeza, y nosotros
sin culpa. Mas cualquiera que se
estuviere en casa contigo, su sangre
será sobre nuestra cabeza, si mano
le tocare. (Josué 2:17-19)

Y los espías entraron y sacaron a
Rahab, a su padre, a su madre,
a sus hermanos y todo lo que era
suyo; y también sacaron a toda
su parentela, y los pusieron fuera
del campamento de Israel. Y
consumieron con fuego la ciudad, y
todo lo que en ella había; solamente
pusieron en el tesoro de la casa
de Jehová la plata y el oro, y los
utensilios de bronce y de hierro. Mas
Josué salvó la vida a Rahab la
ramera, y a la casa de su padre, y
a todo lo que ella tenía; y habitó
ella entre los israelitas hasta hoy, por
cuanto escondió a los mensajeros
que Josué había enviado a
reconocer a Jericó. (Josué 6:23-25)

Se pensaba que Tamar y Rahab eran prostitutas, pero
resultaron ser mujeres virtuosas que se aseguraron
de que los Hijos de Israel fueran perpetuados para
vivir en la Tierra y el Pacto. Al igual que Rut, eran
extranjeras y viudas bienvenidas por sus acciones
virtuosas y heroicas. La mujer virtuosa de Proverbios
treinta y uno es en realidad una "mujer de valor",
como un soldado, un chayil, un héroe en tiempos
de crisis. Proféticamente, el extranjero tiene un lugar
en el pacto.

5

¿ES SU HERMANA, SEÑOR?

¿Qué otras identidades ocultas forman un patrón? Uno es la hermana, como Dina. Miriam era la hermana de Moisés y Aarón. Lea y Raquel eran hermanas. Moisés descubrió a su esposa Séfora con sus hermanas; Todos fueron identificados por primera vez con un pozo o cuerpo de agua. Nuestro primer ejemplo, Dina, fue hermana de las doce tribus. Las matriarcas tenían un patrón de ocultar su relación conyugal con la máscara de una hermana:

> Y aconteció que cuando estaba para entrar en Egipto, dijo a Sarai su mujer: He aquí, ahora conozco que eres mujer de hermoso aspecto; [1]y cuando te vean los egipcios, dirán: Su mujer es; y me matarán a mí, y a ti te reservarán la vida. Ahora, pues, di que eres mi hermana, para que me vaya bien por causa tuya, y viva mi alma por causa de ti.

> Y aconteció que cuando entró Abram en Egipto, los egipcios vieron que la mujer era hermosa en gran manera. También la vieron los príncipes de Faraón, y la alabaron

delante de él; y fue llevada la mujer a casa de Faraón. E hizo bien a Abram por causa de ella; y él tuvo ovejas, vacas, asnos, siervos, criadas, asnas y camellos. Mas Jehová hirió a Faraón y a su casa con grandes plagas, por causa de Saraí mujer de Abram. Entonces Faraón llamó a Abram, y le dijo: ¿Qué es esto que has hecho conmigo? ¿Por qué no me declaraste que era tu mujer? ¿Por qué dijiste: ¿Es mi hermana, poniéndome en ocasión de tomarla para mí por mujer? Ahora, pues, he aquí tu mujer; tómala, y vete. Entonces Faraón dio orden a su gente acerca de Abram; y le acompañaron, y a su mujer, con todo lo que tenía. (Génesis 12:11-20)

Subió, pues, Abram de Egipto hacia el Neguev, él y su mujer, con todo lo que tenía, y con él Lot. Y Abram era riquísimo en ganado, en plata y en oro. (Génesis 13:1-2)

De allí partió Abraham a la tierra del Neguev, y acampó entre Cades y Shur, y habitó como forastero en Gerar. Y dijo Abraham de Sara su mujer: Es mi hermana. Y Abimelec rey de Gerar envió y tomó a Sara. Pero Dios vino a Abimelec en sueños de noche, y le dijo: He aquí, muerto eres, a causa de la mujer que has tomado, la cual es casada con marido. Mas Abimelec no se había llegado a ella, y dijo: Señor, ¿matarás también al inocente? ¿No me dijo él: Mi hermana es; y ella también dijo: Es mi hermano? Con sencillez de mi corazón y con limpieza de mis manos he hecho esto. Y le dijo Dios en sueños: Yo también sé que con integridad de tu corazón has hecho esto; y yo también te detuve de pecar contra mí, y así no te permití que la tocases. Ahora, pues, devuelve la mujer a su marido; porque es profeta, y orará por ti, y vivirás. Y si no la devolvieres, sabe que de cierto morirás tú, y todos los tuyos.

Entonces Abimelec se levantó de mañana y llamó a todos sus siervos, y dijo todas estas palabras en los oídos de ellos; y temieron los hombres en gran manera. Después llamó Abimelec a Abraham, y le dijo: ¿Qué nos has hecho? ¿En qué pequé yo contra ti, que has atraído sobre mí y sobre mi reino tan grande pecado? Lo que no debiste hacer has hecho conmigo. Dijo también Abimelec a Abraham: ¿Qué pensabas, para que hicieses esto? Y Abraham respondió: Porque dije para mí: Ciertamente no hay temor de Dios en este lugar, y me matarán por causa de mi mujer. Y a la verdad también es mi hermana, hija de mi padre, mas no hija de mi madre, y la tomé por mujer. Y cuando Dios me hizo salir errante de la casa de mi padre, yo le dije: Esta es la merced que tú harás conmigo, que en todos los lugares adonde lleguemos, digas de mí: Mi hermano es. Entonces Abimelec tomó ovejas y vacas, y siervos y siervas, y se los dio a Abraham, y le devolvió a Sara su mujer. Y dijo Abimelec: He aquí mi tierra está delante de ti; habita

donde bien te parezca. Y a Sara
dijo: He aquí he dado mil monedas
de plata a tu hermano; mira que
él te es como un velo para los ojos
de todos los que están contigo, y
para con todos; así fue vindicada.
(Génesis 20:1-16)

Habitó, pues, Isaac en Gerar. Y
los hombres de aquel lugar le
preguntaron acerca de su mujer; y
él respondió: Es mi hermana; porque
tuvo miedo de decir: Es mi mujer;
pensando que tal vez los hombres
del lugar lo matarían por causa de
Rebeca, pues ella era de hermoso
aspecto. Sucedió que después que
él estuvo allí muchos días, Abimelec,
rey de los filisteos, mirando por una
ventana, vio a Isaac que acariciaba
a Rebeca su mujer. Y llamó
Abimelec a Isaac, y dijo: He aquí ella
es de cierto tu mujer. ¿Cómo, pues,
dijiste: Es mi hermana? E Isaac le
respondió: Porque dije: Quizá moriré
por causa de ella. Y Abimelec
dijo: ¿Por qué nos has hecho
esto? Por poco hubiera dormido
alguno del pueblo con tu mujer,
y hubieras traído sobre nosotros el
pecado. Entonces Abimelec mandó
a todo el pueblo, diciendo: El que
tocare a este hombre o a su mujer,
de cierto morirá. (Génesis 26:6-11)

Y sembró Isaac en aquella tierra,
y cosechó aquel año ciento por
uno; y le bendijo Jehová. El varón
se enriqueció, y fue prosperado,
y se engrandeció hasta hacerse
muy poderoso. Y tuvo hato de
ovejas, y hato de vacas, y mucha

labranza; y los filisteos le tuvieron envidia. (Génesis 26:12-14)

Nótese que en cada uno de los casos anteriores, la reputación y la virtud de la hermana-esposa se pusieron en peligro debido a la envidia y/o la codicia. Incluso Jacob confió en el consejo de dos hermanas para dejar su estadía con Labán y regresar a la Tierra, el Pacto y el Pueblo de Israel. Las dos hermanas le señalan a Jacob que no tenían herencia en la Tierra de Labán. Ven que ya no mira a Jacob como lo hacía. Labán siente envidia de la riqueza de Jacob, y siente que debería ser suya. Las hermanas creen que fueron vendidas por Labán y que no hay nada para ellas ni para sus hijos. Las hermanas saben que su salud y riqueza futuras, la herencia de sus hijos, dependen del regreso de Jacob a la Tierra Prometida con las ovejas.

Las hermanas dan consejo: Jacob, regresa a la Tierra Prometida con todos "estos" niños y las cabras y ovejas rayadas, rayadas y moteadas, los bueyes, los asnos y las camellas lactantes. Vuelve al altar de tu padre Abraham, Jacob, y lleva contigo los rebaños y las manadas multicolores. Redime a las naciones de la Tierra de Labán, y seguramente El Shaddai nos encontrará allí para ayudarnos.

Sin embargo, debemos dejar en secreto una ventaja de tres días. El lector también escuchó estas palabras del viaje justo hacia la Tierra Prometida:

Y ellos dijeron: El Dios de los hebreos nos ha encontrado; iremos, pues, ahora, camino de tres días por el desierto, y ofreceremos sacrificios a Jehová nuestro Dios, para que no venga sobre nosotros con peste o con espada.[34] (Ex 5:3)

34. Dos de los cuatro Juicios del Altar enumerados en los Profetas

No fueron solo los israelitas los que fueron liberados de Egipto. ¡Una multitud mixta salió de Egipto con Israel junto con todos sus rebaños, manadas, plata y oro! En cada lugar de cautiverio potencial o adulterio, la casa del captor fue atacada o amenazada con plaga, y la mujer virtuosa fue reivindicada y quedó libre. Curiosamente, Moisés le dice al Faraón que los israelitas serán golpeados por una plaga si no recorren tres días de camino para celebrar una fiesta al Dios de los hebreos. Cuando el Faraón se niega a dejarlos ir, Egipto es golpeado por las plagas en su lugar. El viaje de tres días es uno guiado por el Espíritu Santo, una novia siguiendo a su esposo:

> Ve y proclama en oídos de
> Jerusalén, diciendo: "Así dice el
> SEÑOR:}

> "Anda y clama a los oídos de
> Jerusalén, diciendo: Así dice
> Jehová: Me he acordado de ti, de
> la fidelidad de tu juventud, del amor
> de tu desposorio, cuando andabas
> en pos de mí en el desierto, en tierra
> no sembrada." (Jeremias 2:2)

Israel era como Sara y Rebeca generaciones antes, ella es la mujer virtuosa retenida ilegalmente por Faraón. Mientras Abraham e Isaac temían ser dominados y asesinados por Faraón y Abimelec, el Santo de Israel no tenía miedo de que Faraón pudiera dominarlo. Si Faraón no libera a Israel para su ceremonia de compromiso en el desierto, entonces la ira de un Novio celoso caerá sobre él:

> Ponme como un sello sobre tu
> corazón, como una marca sobre
> tu brazo; Porque fuerte es como
> la muerte el amor; Duros como el
> Seol los celos; Sus brasas, brasas de
> fuego, fuerte llama. (Cantares 8:6)

Diez plagas convencieron a Faraón temporalmente, y la destrucción en el Mar de juncos rompió las cadenas por completo.

Así partieron del monte de Jehová
camino de tres días; y el arca del
pacto de Jehová fue delante
de ellos camino de tres días,
buscándoles lugar de descanso.
(números 10:33)

La Tierra, el Pacto y el Pueblo de paz buscan la paz del Shabat de la Séptima Fiesta, Sucot. Comenzó en Egipto con un viaje de tres días para representar los tres días de Pésaj, los Panes sin Levadura y las Primicias de la Cebada. También se puede hacer una analogía para incluir los tres "días" de peregrinación[35] de Pésaj, Shavuot y Sucot. El viaje de Ester a la cámara del Rey también tomó tres días. En el tercer día de ayuno durante los Días de los Panes sin Levadura[36] Ella se vistió con sus coloridas vestiduras reales y se acercó a él. Incluso la historia de Ester tiene el elemento de un marido celoso, el rey, que ordena que el potencial violador, Amán (que su nombre sea borrado), sea colgado en la horca que él quería para Mardoqueo.

La historia probablemente no habría sucedido si el rey hubiera sabido de antemano quién era Ester. De la misma manera, surgió un faraón que no conocía a José y trató de ahogar a los bebés en el Nilo. Un novio celoso lo mató a él y a sus guerreros en el abismo del Mar Rojo. Los captores y asesinos potenciales de la mujer fueron castigados medida por medida.

El consejo de las hermanas de volver a la casa de los patriarcas se aplica varias veces en relación con la profecía bíblica. Tres es un número de resurrección. La mala voluntad entre Labán y Jacob

35. A veces, un "día" en las Escrituras se refiere a un período de tiempo, como "en aquel día".

36. Zlotowitz, 2003, p. 82

47

Esto se hizo más evidente después de que Labán "puso tres días de camino entre él y Jacob".[37] La semilla que ha estado escondida, enterrada y oculta en los Días de los Panes sin Levadura puede brotar como el Tercer Día de la Creación para revelar el fruto del consejo. El consejo es el Tercer Espíritu de Adonai, y se movió en el Tercer Día de la Creación cuando los frutos aparecieron por primera vez en la Tierra. Hasta el Tercer Día, el potencial estaba allí, pero oculto.

Al igual que la identidad oculta de Ester, estas hermanas que aconsejan a los patriarcas que devuelvan las ovejas a la Tierra y al Pacto de Israel están encubriendo un significado más profundo. Ellas fueron la forma en que los patriarcas fueron puestos a prueba para ver si protegerían a su hermana. Este es el secreto no tan secreto:

> Atesora y protege a tu hermana, el Espíritu Santo[38]

---

37. Genesis 30:36

38. Ruaj Hako-
desh

6

EL VIEJO FASTIDIO YA NO ES LO QUE SOLÍA SER

El Libro de los Proverbios es mucho más que literatura de sabiduria. Está lleno de parábolas, tanto del Espíritu Santo como de su contraparte malvada, la lámpara de los impíos.[39] La practicidad del libro oculta sus profundas verdades espirituales. Entre ellas se encuentra la personificación del Espíritu Santo como una esposa virtuosa o una mujer fiel que permite al hombre guardar los mandamientos y vivir.

> Hijo mío, guarda mis razones, Y
> atesora contigo mis mandamientos.
> Guarda mis mandamientos y vivirás,
> Y mi ley como las niñas de tus
> ojos. Lígalos a tus dedos; Escríbelos
> en la tabla de tu corazón. Di a la
> sabiduría: Tú eres mi hermana, Y
> a la inteligencia llama parienta;
> (Proverbios 7: 1-4)

La Sabiduría y el Entendimiento son los dos primeros Espíritus de Adonai de los siete que componen al Espíritu Santo, o Ruaj HaKodesh, en Isaías.[40] En Proverbios, la hermana es la imagen y parábola del Ruaj HaKodesh que da vida a los mandamientos de

39. Proverbios 13:9, 21:4, 24:20

40. Isaías 11: 1-2

49

Dios.

Proverbios, que literalmente significa "parábolas"[41] está lleno de entendimiento acerca de las buenas y malas esposas. Una parábola pone piel humana en conceptos espirituales para ayudar a dirigir el pensamiento humano sobre ese concepto. Una mala esposa avergüenza a su marido públicamente. Lo deja desnudo, pobre y hambriento, como los de Laodicea. Una buena esposa es una bendición dada por Dios.[42]

Aquí algunos ejemplos:

> Mejor es vivir en un rincón del terrado que con mujer rencillosa en casa espaciosa. Proverbios 21:9

> Mejor es estar en un rincón del terrado, que con mujer rencillosa en casa espaciosa. Proverbios 25:24

> Dolor es para su padre el hijo necio, Y gotera continua las contiendas de la mujer. La casa y las riquezas son herencia de los padres; más de Jehová la mujer prudente. Proverbios 19:13-14

Si bien uno puede sonreír ante los proverbios, el contexto es una larga lista de contrastes entre hombres justos e injustos. El patrón textual y temático es que tal o cual es el resultado de un hombre que actúa rectamente, como demostrar generosidad, bondad, autocontrol, justicia, etc., mientras que tal y tal es el resultado de los pecados del hombre, como la mentira, la pereza, la embriaguez, la tacañería, etc. El contexto es que el comportamiento de un hombre juega un papel importante en la determinación de si su esposa es contenciosa y lo hace miserable con sus palabras, o si ella es sabia y edifica su hogar espiritual para él y sus hijos. Sus

41. Mishlei en hebreo, de mashal, que significa dirigir algo; en este caso, para dirigir el pensamiento.

42. Proverbios 18:22; 12:4; 5:18-19; 19:14; 31:10-31

palabras pueden ser el grifo que gotea o la música para sus oídos.

Proverbios enseña que a veces la voz de la mujer es un espejo que refleja la del marido en cuanto a su comportamiento o condición espiritual. Es insensato hacer que una esposa levante la voz o fastidiar para ser escuchada si sus palabras son en realidad sabiduría espiritual o sentido común que podría restaurar el equilibrio en el hogar. Ella puede estar suplicando al esposo que establezca esos límites de la Torá en su hogar. Si estas sabias advertencias se ignoran durante mucho tiempo, se convierten en el grifo molesto y goteante, así que prepárese para vivir en la azotea.

El verdadero peligro es cuando una mujer justa deja de hablar para corregir la apatía espiritual de su hogar. El Ruaj lucha con los seres humanos para que centren su atención en los propósitos del cielo. Los seres humanos necesitan este recordatorio constante de su propósito eterno en esta vida mortal.

Cuando una esposa es una bendición de Dios, ella es un regalo del Ruaj HaKodesh a su esposo; ella conserva a su familia en las tierras de Labán, Egipto, Babilonia, Asiria, o incluso entre los Filisteos dentro de la tierra. Ella es sabiduría, y no permitirá que un hombre se sienta cómodo en la tierra de su peregrinación; en cambio, ella le señalará la herencia de Israel: la tierra, el pacto, y el Pueblo de la inclusión. Ella le recordará que para sentirse cómodo con muchos rebaños en la tierra de Labán no es lo que significa ser un hijo de Abraham. Él debe hacer que esos rebaños regresan a casa y les construya refugios de Sucot.[43]

Sara, Rebeca, Raquel, Lea, Miriam, Séfora, Tamar, Rahab y otras mujeres son imágenes del Ruaj HaKodesh[44] obrando en las vidas de los patriarcas y profetas para devolverlos a la Tierra y el Pacto

43. Génesis 33:17

44. Espíritu Santo

51

de Israel, junto con la herencia de las naciones representadas por la plata, oro, sirvientes y criadas, ovejas y otros ganados limpios.

> entre los simples, consideré entre
> los jóvenes, a un joven falto de
> entendimiento, el cual pasaba por
> la calle, junto a la esquina, e iba
> camino a la casa de ella, a la tarde
> del día, cuando ya oscurecía, en la
> oscuridad y tinieblas de la noche.
> cuando he aquí, una mujer le sale
> al encuentro, con atavío de ramera
> y astuta de corazón. Alborotadora
> y rencillosa, sus pies no pueden
> estar en casa; unas veces está en
> la calle, otras veces en las plazas,
> acechando por todas las esquinas.
>
> Se asió de él, y le besó. Con
> semblante descarado le dijo:
> sacrificios de paz había prometido,
> hoy he pagado mis votos; por tanto,
> he salido a encontrarte, buscando
> diligentemente tu rostro, y te he
> hallado. He adornado mi cama con
> colchas recamadas con cordoncillo
> de Egipto; he perfumado mi
> cámara con mirra, áloes y canela.
> Ven, embriaguémonos de amores
> hasta la mañana; alegrémonos en
> amores. Porque el marido no está en
> casa; se ha ido a un largo viaje. La
> bolsa de dinero llevó en su mano;
> el día señalado volverá a su casa.
> (proverbios 7: 7-20)

El pago de votos está incorporado en Proverbios Siete. La adúltera paga sus votos y llama a los ingenuos de ese día. El pago de los votos está relacionado con los jagim, las tres "fiestas de los pies" de peregrinación a Jerusalén según Nahúm

1:15:

He aquí sobre los montes los pies del que trae buenas nuevas, del que anuncia la paz. Celebra, oh Judá, tus fiestas, cumple tus votos; porque nunca más volverá a pasar por ti el malvado; pereció del todo.

Hacer, pagar y anular votos son una parte importante del hilo que conecta a Israel con las naciones. Los votos nos conectan con otra porción de la Torá. Hay similitudes en Proverbios y Profetas que ayudan a explicar la Torá, así como el Libro de Ester. Los espíritus santos y malignos tienen muchas similitudes, porque Satanás viene como un ángel de luz. Tanto el Espíritu de Sabiduría como la insensatez, la mujer valiente y la mujer adúltera y ramera;

1. Llama a los ingenuos
2. Llama desde los lugares altos y puntos de entrada de la ciudad
3. Preparar comida o un banquete para los ingenuos
4. Mezclar vino
5. Siéntese en las encrucijadas de las calles (lugares de decisión).
6. Organiza cubiertas para los de mente simple

Sentarse en las encrucijadas de las calles es una alusión a Rahab la ramera. Su nombre hebreo Rachav significa "un lugar amplio", un lugar donde muchas personas se mezclan y se dirigen por el mismo camino. Esto tiene un lado bueno y lado malo. El lado malo es la mera diversidad y la mezcla con la impureza. Lo bueno es Sucot y sus diversas clases de primicias[45] unidos en su caminar con el Mesías.

Mardoqueo también se sienta en la puerta del Rey, que es una de las muchas pistas en el Libro de

Ester para la obra profética del Espíritu Santo. De acuerdo con el modelo de la Mujer Sabia, así como la ramera en Proverbios y los Profetas, Ester también mezcla vino y prepara un banquete para el Rey y Amán para revertir acciones y revelar motivaciones tanto ingenuas como perversas.

Al organizar cubiertas para los ingenuos, las mujeres de Proverbios proporcionan otra pista de Sucot que es el tema central de las fiestas de otoño, las cubiertas.[46] Compárese la Mujer Virtuosa en proverbios 31 a la ramera escarlata en Apocalipsis. La identidad de una mujer, o el Espíritu que ella representa, es a menudo una pregunta en las Escrituras. Incluso Ester ocultó su identidad, pero fue Hadasá, la rama de mirto ondeada hacia los cuatro puntos cardinales de la tierra en Sucot, Tabernáculos, para llamar a casa a las ovejas de Yeshúa.

45. Véase el evangelio de la creación libro de trabajo dos

46. Véase el evangelio de la creación libro de trabajo dos

7

SÍ, SU SEÑORÍA

Las experiencias de la familia de Jacob en la Tierra Prometida mientras José es exiliado a Egipto, produce importantes enlaces de la profecía. Un hilo más de una mujer cuestionable y sin hijos que la encrucijada proporciona, una extraña inserción en la historia de José:

> Pasaron muchos días, y murió la hija de Súa, mujer de Judá. Después Judá se consoló, y subía a los trasquiladores de sus ovejas a Timnat, él y su amigo Hira el adulamita. Y fue dado aviso a Tamar, diciendo: He aquí tu suegro sube a Timnat a trasquilar sus ovejas. Entonces se quitó ella los vestidos de su viudez, y se cubrió con un velo, y se arrebozó, y se puso a la entrada de Enaim junto al camino de Timnat; porque veía que había crecido Sela, y ella no era dada a él por mujer. Y la vio Judá, y la tuvo por ramera, porque ella había cubierto su rostro. (Génesis 38: 12-15)

El área donde Tamar habría esperado a Judá está al norte de Jerusalén, en las colinas alrededor de Siquem y Silo. Shiloh se encuentra en la zona de Tapuaj y Enaim. La ubicación de Timnat, sin embargo, es extraño. Hay conjeturas, pero hoy no hay Timnat allí, tal vez perdida en la historia. El lugar más probable donde Judá fue a esquilar sus ovejas es en las cercanías de Siquem, el área donde José fue secuestrado y vendido. La ausencia de una Timnat en esa área... y el hecho de que la ubicación se dé dos veces... nos obliga a mirar a una Timnat por lo que SI conocemos la ubicación.

Timnat se encuentra en el extremo sur de Israel, en la intersección de Edom. Era un lugar de minas de cobre de donde se hacia el bronce. El bronce denota fuego. El altar de bronce y cobre era el lugar donde se realizaban los sacrificios en el desierto. Tamar estuvo a punto de ser quemada hasta que su justicia fue revelada. El camino a Timnat NO es un lugar de mucha esquila de ovejas hoy en día. Está abandonado, hay minas de cobre, roca roja y arena.

Timnat viene del:

> mâna'; una raíz primitiva; para excluir (negativa o positivamente) de un beneficio o perjuicio: negar, mantener (atrás), estribillo, constancia, retención.

La primera mención del maná es un contexto similar:

> Y Jacob se enojó contra Raquel, y dijo: ¿Soy yo acaso Dios, que te impidió (Maná H4513) el fruto de tu vientre? Génesis 30:2

La designación de Timnat puede ser una forma de enfatizar un mensaje. Judá y sus hijos habían retenido a los niños de la justa Tamar. Se pensaba

que era noble, descendiente de Sem, Malkhi-
tzedek, el sacerdote de Shalem.

Tamar = palmera un símbolo de
justicia

Hay una Tamar en el camino a Timnat. Encaja con la
descripción bíblica, que sugiere una "Encrucijada".
La bíblica Tamar se encuentra en la antigua Ruta
de las Especias. Al este limita con Petra y Moab; el
camino hacia el norte va a Judea; el camino hacia
el oeste va a Beer Sheba y Egipto; y al sur el camino
va a Edom y a las minas de cobre de Timnat.

Ezequiel 47:19 y 48:28 mencionan a Tamar como
marcando la frontera sur de Israel:

Del lado meridional(negev), hacia
el sur(Timnat), desde Tamar hasta las
aguas de las rencillas; desde Cades
y el arroyo hasta el Mar Grande; y
esto será el lado meridional(Timnat),
al sur(Negba). (Ezequiel 47:19)

Fíjate en el patrón de las palabras que describen la
ubicación de Tamar en un quiasmo:

- Negev
- **Timnat**
- **Timnat**
- Negba

En un quiasmo, el eje, o el centro del espejo,
describe la esencia del mensaje incrustado[47] En el
caso de Tamar, su esencia, temanah, es "hacia
Temán" o Timnat. Esto puede ser un puntero sutil.
Timnat está en el territorio de Edom, el Rojo, o
Esaú. Simbólicamente, la identidad de Edom se ha
transformado a lo largo de los siglos. Al principio,
los edomitas eran simplemente los descendientes
de Esaú, un hermano literal de Israel. Más tarde, se

47. Vaya al
Apéndice para
ver un ejercicio
que demuestra
cómo funciona
un quiasmo.

pensó que Edom había dado lugar al ascenso de Roma, e incluso los romanos tienen una tradición de Rómulo y Remo, gemelos, y la fundación de Roma por Rómulo. Esto es un recuerdo de la historia de Jacob y Esaú. Más tarde, la identidad de Edom se transformó en la Iglesia Romana y el Sacro Imperio Romano Germánico, que fue la continuación del Imperio Romano. Sin seguir un largo rastro de profecías, uno puede definir vagamente a Edom como un aspecto de las naciones:

> ¿Quién es este que viene de
> Edom, de Bosra, con vestidos rojos?
>
> ¿Este hermoso en su vestido, que
> marcha en la grandeza de su
> poder? Yo, el que hablo en justicia,
> grande para salvar.
>
> ¿Por qué es rojo tu vestido, y tus
> ropas como del que ha pisado en
> lagar?
>
> He pisado yo solo el lagar, y de
> los pueblos nadie había conmigo;
> los pisé con mi ira, y los hollé con
> mi furor; y su sangre salpicó mis
> vestidos, y manché todas mis ropas.
> (Isaías 63: 1-3)

La profecía de Isaías sugiere que el Mesías vendrá "de los pueblos" cuando regrese a Jerusalén. Su ruta física se describe desde el área de Edom y Bosra, que lo llevaría a través de Tamar ligeramente hacia el oeste en una encrucijada. Las vestiduras del Mesías están teñidas de rojo, el color de Edom. Las montañas de Edom y Timnat son del rojo más puro. La ubicación "espiritual" de Tamar entonces, puede ser una profecía del Mesías, porque las decisiones de Judá y Tamar en esa encrucijada forman el eje de la historia de José y el eventual reencuentro familiar.

Los dos primeros maridos de Tamar, los hijos de la mujer cananea, fueron Er y Onán. Ellos fueron llamados "malvados a los ojos de Hashem". Desperdiciaron más que su semilla. Desperdiciaron el precioso tiempo de una mujer justa.

Del mismo modo, Judá perdió el tiempo de Tamar esperando a un hijo que nunca tuvo, con la intención de darla en matrimonio. Después de mucha espera, Tamar llegó a una encrucijada de decisión. Donde Tamar se sentó a esperar a Judá y ha sido traducido de manera diferente por cristianos y eruditos judíos (Génesis 38:14):

> Entonces se quitó ella los vestidos de su viudez, y se cubrió con un velo, y se arrebozó, y se puso a la entrada de Enaim junto al camino de Timnat; porque veía que había crecido Sela, y ella no era dada a él por mujer.
> NTV

> se quitó el vestido de viuda, se cubrió con un velo para que nadie la reconociera y se sentó a la entrada del pueblo de Enayin, que está en el camino a Timná. Esto lo hizo porque se dio cuenta de que Selá ya tenía edad de casarse y aún no se lo daban a ella por esposo.
> NVI

La clave está en la encrucijada

Estos subtramas describen cómo los hijos de Jacob "habitan" en la Tierra y en el exilio. Vah-Teshev describe la forma sentada de Tamar, yashav, en la forma femenina del verbo. Su historia está en la porción de la Torá Va-yeishev, que describe la morada de Jacob en la Tierra Prometida en la forma masculina del verbo. Tamar habita "en la apertura de los ojos en el camino a Timnat" porque ella "vio" que Judá tenía la intención de retener a Selá y a sus hijos de ella. Lo que sucede en la morada de Tamar abrirá los ojos de Judá. Una encrucijada se llama "apertura de los ojos" porque es el punto en el que el viajero debe abrir los ojos, para decidir qué camino tomar.[48]

Cuando se descubre que Tamar está embarazada, Judá la juzga y la condena a muerte en la hoguera. Si ella era hija o descendiente de Sem, tendría sentido, porque él era sacerdote, y la quema era el castigo para una hija corrompida de un sacerdote.

En lugar de avergonzar su honor a Judá, el progenitor de la dinastía monárquica de Israel, Tamar espera hasta el último momento para producir los tres emblemas del Mashíaj (Mesías): el bastón, el anillo de sello, y el cordón de la prenda. El bastón es a la vez un bastón de pastor y un objeto de autoridad. Es una señal del Mashíaj: "Y saldrá una vara del tronco de Isaí."[49] El cordón de la vestimenta de Judá era como un esposo que cubre a su esposa con su talit en una ceremonia de matrimonio judío; Está decorado con cordones azules de colores intensos. El anillo de sello era el que sellaba acuerdos legales.

Tamar consiguió el acuerdo de Judá para casarse. Judá incluso la llamó una maestra del engaño. En la palabra, Ha-kedeshah, "el Santo", que también puede significar una prostituta del templo. Cuando ella se desvanece con el pago de un cabrito del rebaño, Judá no busca a la "prostituta" porque él no quiere que se conozca la vergüenza del asunto. En lugar de disminuir su honor, Tamar le da a Judá la oportunidad de matarla para que su transgresión no será descubierta. Puede buscar el tipo equivocado de honor entre sus compañeros y familia. Pregunta en la última oportunidad, "cuando la sacaron"[50] ¿Reconoces estos?. Judá le había hecho esta pregunta a su padre Jacob cuando lo engañó con la espada de José, Prenda ensangrentada, sangre extraída de un "niño". Cuando Tamar muestra los tres

48. Rashi a génesis 38:14

49. Isaías 11:1

50. Génesis 38:25

emblemas personales, Judá entiende una pregunta más profunda. ¿"Ves" tu engaño y deshonra a tu padre? Su decisión en este asunto conducirá a una decisión en ese asunto con respecto a José. Su decisión en el camino a Timnat conducirá a decisiones posteriores en el camino hacia y desde Egipto.

Oculta la vergüenza temporal, o sé avergonzado ahora con el fin de obtener el honor de la nobleza humana ¿hecho a la imagen de Elohim? Judá eligió no ser honrado por la persona que no era... Y en ese ejerció esa fue la nobleza que Tamar vio en él.

El don de Tamar es su habilidad ejemplar para salvar el honor de Judá incluso cuando él hipócritamente la condena a la hoguera. Ella le da la oportunidad de elegir su tipo de vergüenza y honor. Ella sacrifica su propio honor para abrirle los ojos honorablemente. Un ojo, o ayin, en hebreo es también un manantial o pozo. Hay un pozo en la antigua Tamar bíblica en el camino a Timnat, pero hay otro manantial cercano, literalmente llamado Ein Tamar. Si este fue el lugar real de la reunión (no es probable), es definitivamente un lugar de enseñanza de significado espiritual.

A veces los fieles deben ser respetuosos y honrar a aquellos que se comportan de manera deshonrosa. El creyente debe ver algo en ellos que aún no ha visto en sí mismo. Y esta es la razón por la que seguir intercediendo e intersectando las vidas de aquellos que se han apartado de la noble creación de ellos mismo. Vean la imagen de Elohim en otros. Este es el trabajo del Ruaj HaKodesh.

8

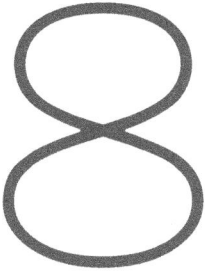

LA REINA MADRE

El libro de Proverbios ofrece el contraste entre las Tamar y las Sara de Israel y las adúlteras y las rameras. Curiosamente, las conductas de los malvados a menudo imitan las conductas de los justos en relación con el pacto. Incluso el espíritu malvado tiene cierta familiaridad con los votos y las fiestas del virtuoso Israel. Sabe dónde está su esposo y cuándo es el momento señalado de su regreso, en la luna llena. Sus épocas de fiesta están vacías de santidad y llenas de maldad.

> Y todos los que sobrevivieren de las naciones que vinieron contra Jerusalén, subirán de año en año para adorar al Rey, a Jehová de los ejércitos, y a celebrar la fiesta de los tabernáculos. (Zacarias 14:16)

Jerusalén es el centro de las fiestas de Adonai. Aquí es donde se le enseña a Israel y a todas las naciones a adorar a Adonai en los tiempos señalados. Regresar a las fiestas es regresar a Jerusalén.
Regresar a las fiestas es recuperar la fuerza del Ruaj HaKodesh, sometiéndonos a los mandamientos espirituales, el testimonio de Yeshua que es la herencia de las naciones.

Pesaj, Shavuot y Sucot eran épocas de pago de votos. La ramera le dice al ingenuo que:

1. Ella ha cumplido sus votos, lo que la vincula con un día festivo y
2. Su esposo no regresará hasta la luna llena. Sucot es luna llena, al igual que los Panes sin Levadura. Ella podría estar diciéndoles proféticamente a los ingenuos que pueden disfrutar de su relación amorosa hasta Sucot.

El tema de los votos junto con los moedim/chagim, la mujer adúltera, la mujer virtuosa y la reina Ester necesita un estudio más profundo. La séptima fiesta es la Fiesta de Sucot, la Fiesta de las Naciones. ¿Es la reina Ester, Hadassah, realmente una representante de las naciones? Si la reina Ester es una imagen de Sucot, el Espíritu de Reverencia, el Séptimo Espíritu y la Séptima Fiesta y Shabat, entonces, ¿dónde están las pistas de los 7 en el texto de la Meguilá[51] de Ester? Está lleno de ellos, al igual que el Apocalipsis. Aquí hay una lista parcial:

> El rey llama a la reina Vasti al séptimo día.
> Envía a siete eunucos con el mensaje.
> El rey consulta con siete oficiales para que juzguen.
> Ester tenía siete sirvientas especiales.
> Ester fue llevada al palacio en el séptimo año del reinado.

La reina Ester es la reina de un vasto imperio persa que abarca muchos pueblos y naciones bajo el gobierno del rey Ajashverosh. El está tratando de unificar a estos muchos pueblos, a los que trató de unir llevando a cabo el banquete que finalmente resultó en la muerte de la reina Vasti. Cuando Vasti rechazo a aparecer como reina ante las naciones de la tierra esto llevó a la promoción de la reina

51. Rollo

Ester. Con sus misteriosos antecedentes, Ester podría ser promovida con razón como Reina de las Naciones, su mismo anonimato la convierte en una inspiración de inclusión para todos en el Reino.[52]

Sara, la matriarca fundacional con la promesa de convertirse en la madre de muchas naciones, vivió 127 años.[53] La reina Ester gobernó con el rey Ajashverosh sobre 127 provincias. Sara dio a luz a las naciones, y la reina Ester las unió bajo un solo rey. Esto es la reunión de las naciones en profecía, y la reina Ester está cumpliendo su papel en su generación.

Aunque Israel ha sido exiliado de la tierra, no ha sido separado del pacto o del Pueblo en su exilio. Aunque dispersos por todas las provincias del Imperio Persa, durante setenta años de exilio, han conservado su identidad como am-echad, un pueblo unido. De hecho, la queja de Amán al rey Ajashverosh es que este cierto pueblo continúa cumpliendo sus propias leyes, no las del rey. Para cumplir con el modelo de las matriarcas que han precedido, la Reina Ester tendrá que revelar su identidad con la Tierra, la Alianza y el Pueblo de Israel. Aunque todavía quedan años de exilio por cumplir, Ester se convierte en un instrumento de salvación para preservar a Israel dentro de esas naciones de la tierra.

Una ligera diferencia aparece en el Libro de Ester en relación con el patrón. Mientras que las identidades ocultas de Sara, Rebeca y Tamar pusieron en peligro su relación matrimonial con sus esposos, Ester se casará con un rey gentil, y la duda de su virtud es más sutil en el texto. Los acontecimientos de Ester, sin embargo, no han de dirigir nuestro pensamiento acerca de la descendencia directa de Ester como israelitas nativos. Se produce un cambio, y la reina Ester dirige nuestro pensamiento hacia una madre en Israel que unirá naciones, tribus y lenguas. De hecho, había mucho miedo al juicio después del

52. Fohrman, 2011 Pg. 34

53. Génesis 23:1

edicto de Ester y Mardoqueo, que muchas de aquellas provincias extranjeras decían ser judías y no eran. Se plantó una semilla entre las naciones que dirigiría su pensamiento hacia una tierra, un Pacto y un Pueblo de Israel.

El Rollo de Ester está lleno de sutilezas. El libro es excepcional porque el nombre de Dios no es mencionado. Es como un director que trabaja detrás de las cámaras a través de cada una de los personajes, enmascarados y cubiertos, pero totalmente comprometidos con la obra de salvación. Incluso en el exilio babilónico, la obra de salvación continúa. Si los judíos no hubieran sido dispersados entres las 127 provincias, esa semilla de identidad con Israel no habría sido plantada.

Incluso el dolor del exilio puede poner a los fieles en posición de reunir a los extranjeros entre las naciones a Sucot, tal como lo hicieron los israelitas en Egipto. Los extraños que potencialmente podrían ser reunidos incluso pueden ser eunucos, simbolizados por los eunucos que cuidaron de la reina Ester y le dieron favor:

> Así dijo Jehová: Guardad derecho, y haced justicia; porque cercana está mi salvación para venir, y mi justicia para manifestarse. Bienaventurado el hombre que hace esto, y el hijo de hombre que lo abraza; que guarda el día de reposo para no profanarlo, y que guarda su mano de hacer todo mal. Y el extranjero que sigue a Jehová no hable diciendo: Me apartará totalmente Jehová de su pueblo. Ni diga el eunuco: He aquí yo soy árbol seco. Porque así dijo Jehová: A los eunucos que guarden mis días de reposo, y escojan lo que yo quiero, y abracen mi pacto, yo les daré lugar

en mi casa y dentro de mis muros, y nombre mejor que el de hijos e hijas; nombre perpetuo les daré, que nunca perecerá. Y a los hijos de los extranjeros que sigan a Jehová para servirle, y que amen el nombre de Jehová para ser sus siervos; a todos los que guarden el día de reposo para no profanarlo, y abracen mi pacto... (Isaías 56: 1-6)

La profecía de Isaías sobre la inclusión predice un tiempo milagroso en el que aquellos que habían sido previamente excluidos de la adoración en el templo serán aceptados debido a su fidelidad al pacto de la Torá. Un eunuco, como un extraño, no tenía un lugar de inclusión en la adoración del Templo debido a un defecto físico no por culpa suya. Tampoco un extraño controla en qué familia nace. En lugar de ser admitidos debido a la perfección física o al pedigrí, el eunuco y el forastero se acercan por su fidelidad a la Alianza:

yo los llevaré a mi santo monte, y los recrearé en mi casa de oración; sus holocaustos y sus sacrificios serán aceptos sobre mi altar; porque mi casa será llamada casa de oración para todos los pueblos. Dice Jehová el Señor, el que reúne a los dispersos de Israel: Aún juntaré sobre él a sus congregados. Todas las bestias del campo, todas las fieras del bosque, venid a devorar. Sus atalayas son ciegos, todos ellos ignorantes; todos ellos perros mudos, no pueden ladrar; soñolientos, echados, aman el dormir. Y esos perros comilones son insaciables; y los pastores mismos no saben entender; todos ellos siguen sus propios caminos, cada uno busca su propio provecho, cada uno por su lado. Venid, dicen, tomemos vino, embriaguémonos de sidra; y será el día de mañana como este, o mucho más excelente. (Isaías 56:7-12)

Una Casa de Oración para Todas las Naciones es el objetivo de El Buen Pastor. José, una profecía de los hijos de Raquel y sus "acompañantes"[54] escondidos entre las naciones del exilio es el que concibe hijos fuera de la Tierra y une a los hermanos alejados en su variedad de roles "ocultos." José Fue secuestrado por sus hermanos mientras estaban en el campo con las ovejas. El nombre de José alude a Asiph, la Fiesta de Sucot y la recolección de las primicias justas de la Naciones.

54. Ezequiel 37:16

9

DOCUMENTO FACIL

Hay tantos paralelismos entre José y el Rollo de Ester, que es más fácil enumerarlos con un gráfico. Cuando se colocan uno al lado del otro, la historia dentro de la historia se vuelve mucho más clara.

JOSÉ	ESTER
José fue secuestrado y vendido a altos oficial egipcio de alto rango.	Ester fue llevada por los oficiales del rey al palacio.
José sirvió en la casa de Potifar y cárcel con gran favor.	A Ester se le concedió el favor de los eunucos en el harén de la preparación.

José fue acusado de tentativa de seducción a la esposa de Potifar.	Amán pone a Ester en una posición comprometedora en la que suplica por su vida en el sofá. Ester no es clara en la primera invitación al banquete estaba preparado, si para el Rey o Amán: Ester dijo: "Si le place al rey, que el rey y Amán vengan este día al banquete que he preparado para él." (Ester 5:4.) Esto hace pensar al rey tanto que no puede dormir esa noche, y eso lleva al descubrimiento de la buena acción de Mardoqueo que no fue recompensada. Imagínate lo que el rey pensó cuando vio a Amán al otro lado del sofá.
José fue encarcelado, y podría haber sido condenado a muerte por causa del testimonio de la esposa de Potifar.	La esposa de Amán le aconsejó que construyera una horca para Mardoqueo.
José fue dejado en la prisión.	Ester fue guardada en un harem.

José interpretó las preocupaciones del sueño de Faraón y fue exaltado.	Mardoqueo es exaltado como el rey cuando el sueño del rey se tambalea.
José se cambió de ropa para presentarse ante Faraón.	Ester cambió de ropa para encajar en las diferentes situaciones; Ester y el Rey envían ropa a Mardoqueo.
José se casa con una gentil, hija de un sacerdote de On. On es un sonido similar con algunos significados similares al hebreo On, aludiendo a Oni o Ani, los que sufren, los pobres. Los Panes sin Levadura de Pésaj son ha-lachma anya y el nombre de pila de Benjamín era Ben-Oni...	Ester se casa con el rey gentil del imperio, del mundo conocido, cuyo banquete incluye a todas las naciones sometidas, aludiendo a la fiesta de Sucot; La última fiesta de los Moedim. Se celebró un banquete de bodas, como Sucot.
Jacob cree que José ha sido desgarrado por bestias salvajes, un espíritu celoso y un altar de juicio.[55]	Ester lucha contra una bestia salvaje, Amán, que es un espíritu celoso y altar de juicio.
Descrito como un hombre hermoso.	Ester es hermosa.

55. Los cuatro juicios del altar son el hambre, espada, peste y las bestias salvajes. Véase la Creación: Cuadernos de Trabajo del Evangelio Dos y Cuatro para un tratamiento más completo de los cuatro juicios del altar

La eventual liberación de José es el resultado de dos de los siervos del rey sospechosos de falsedad: uno un copero de vino, otro un panadero.	Mardoqueo salva al rey de un intento de asesinato por parte de dos de los que conspiraron en su contra.
El panadero es ahorcado; Se libera al copero.	Amán es ahorcado, pero Ester, que realiza un banquete de vino, libera a su pueblo.
El sueño del copero era de tres manojos de uvas que exprimió en la copa del faraón. El sueño del panadero era de tres cestas de Pan. Cada sueño representaba tres días y un símbolo de Sucot: uvas y cesta. El copero fue restablecido **después** de tres días, y el panadero fue ahorcado, igual que Amán. Al principio, José metió a sus hermanos en la cárcel por tres días.	Ester preparó el vino para el rey y Amán al tercer día, pero ella reveló su verdadera identidad y el trama en el cuarto día en otro banquete de vino. La revelación del mal tuvo lugar durante días de Panes sin Levadura, quíastico a la temporada de las fiestas de otoño, incluyendo Sucot.[56] Ester hizo ayunar a los judíos durante tres días.

56. Véase el Libro de Ejercicios Uno del Evangelio de la Creación para ver ejemplos y una explicación completa de los quiasmos, o estructuras de espejo, o completa el recorte de la menorá quiástica en el Apéndice.

José planeó un banquete para invitar a su hermanos y exponer su maldad.	Ester planeó un banquete para invitar a Amán y exponer su maldad.
José lloró amargamente al ver a Benjamín, que han sido objeto de la involuntaria labor de los hermanos, decreto de muerte pronunciado por Judá.	Ester, de Benjamín, lloró ante el rey cuando no pudo revertir el decreto de muerte contra Judá.
La venta de José como esclavo fue el resultado de la envidia y los celos de sus hermanos.	El decreto de genocidio contra los judíos fue debido a los celos de Amán hacia Mardoqueo.
Cuando Jacob se entera, que debe enviar a Benjamín a Egipto, dice: "Si soy desconsolado, que sea desconsolado".[57]	Cuando Ester se entera de que tiene que ir al rey sin que nadie se lo pida, ella dice: "Si muero, que muera".
José es elevado a segundo al mando de Faraón por el fracaso de los adivinos y asesores.	Ester es la segunda en la nación por la incomparecencia de Vasti, que disgustó al rey.

57. El verbo que Jacob usa dos veces, shakolti, significa literalmente perder a un hijo. Su frase comienza con la palabra hebrea ka'asher y es seguido por un verbo duplicado, shakolti, shakolti, cada uno expresado en primera persona, tiempo pasado. El único otro momento en toda la Biblia que aparece ka'asher junto con un verbo doble conjugado de manera similar es cuando Ester dice: ka'asher avadeti, avadeti, "Si estoy perdida, estoy perdida". (Fohrman, 2011, p. 133).

El sueño del faraón es sobre la hambruna, un juicio de altar.	El sueño del rey es "sacudido" para que él sea recordado por el complot de asesinato en su contra, el Juicio de espada en el altar.
José oculta su verdadera identidad de sus hermanos. Diseña un plan para su unificación y salvación.	Ester esconde su verdadera identidad en el palacio persa. Elabora un plan para la protección de la "nación" dentro del imperio y su salvación.
José es nombrado segundo al mando de Faraón: caballos, túnicas, joyas y anillo de sello para administrar.	Ester es la segunda después del rey junto con Mardoqueo: caballo, túnicas, joyas/ coronas, y anillo de sello para administrar.
A José se le da un nombre diferente cuando es virrey del faraón; Su nombre real insinúa Sucot.	A Ester se le da un nombre diferente cuando ella vive en palacio; Su nombre real insinúa Sucot.
José le da a Judá la oportunidad de convertirse en un libertador y sustituye el sacrificio de Benjamín.	Como Benjamita, Ester tiene la oportunidad para dar su vida por "los judíos", Judá y/o ser la libertadora de Judá.

José prepara un banquete para sus hermanos como parte de su plan. Los ordena por orden de antigüedad/autoridad después los acusa de ser espías.	Ester prepara un banquete para el rey y Amán como parte de su plan. La gramática de su primera petición pone al invitado de honor en pregunta.[58] Ella acusa a Amán de abusar de la autoridad del Rey y la insubordinación poniendo en peligro a la Reina en su Imperio.
Diez de sus hermanos participaron en el plan para vender a José.	El rey tiene colgados a diez de los hijos de Amán en el árbol, presumiblemente quienes fueron cómplices en la trama. Amán era un amalecita, hijo de Elifaz, hijo de Esaú, hermano de Jacob.
José habla otro idioma frente a sus hermanos; su decreto contra Benjamín es en el idioma egipcio.	Ester habla el idioma persa del rey, y el decreto se hace en el idioma del rey, pero traducido a todas las lenguas.

58. La ambigua petición está redactada: "Que el rey y Amán vengan a un banquete que he preparado para ÉL". El pronombre objetivo no coincide con el sujeto. No está claro qué hombre es el invitado de honor.

José mejora la posición de los israelitas y los pone seguros en la hambruna, uno de los cuatro juicios del altar.	Ester y Mardoqueo mejoran la posición de los judíos en el reino y los hacer más seguro en la amenaza de la espada, uno de los cuatro juicios del altar.
El desacuerdo original de José con su hermanos fue por sobre quien tenía mas autoridad, pero él eventualmente usa su autoridad para el bien y para vida.	Amán utiliza su autoridad en asuntos para asegurar un decreto maligno, pero Ester usa la autoridad del rey para el bien y para la vida.
José es recordado por una buena acción realizada dos años antes, mientras estaba en prisión.	Mardoqueo es recordado por una buena acción hecha posiblemente años antes.
José trabaja solo en su plan, pero tiene la ayuda y la autoridad del Faraón para unir y salvar a los hijos de Israel.	Ester es resguardada por su primo varón y salvada por su esposo el rey. Está capacitada por ambos hombres para gobernar con ellos para que pueda unir espiritualmente a Judá dentro del imperio y salvarlos.

Judá ruega a José por Benjamín: ¿Cómo podría soportar ver el terrible destino que le sucede a mi padre? El mensaje es que él no quiere ser perdonado si su hermano Benjamín no lo es.	Ester ruega por Judá cuando ruega al rey para que revocara el decreto: "¿Cómo puedo soportar ver el terrible destino que le sobreviene a mi gente?" Con la excepción de una sola sílaba, son una cita directa de las de Judá. Incluso ese símbolo diferente es un sonido igual. Judá dice: "Padre mío," Avi. Ester dice: "mi pueblo," ami.
En medio de la historia de José hay una más pequeña concerniente a Judá y Tamar. Eso se refiere a los emblemas de su autoridad: la prenda, el anillo y el báculo de autoridad que verifica la justicia de Tamar que asegurar a los hijos y la descendencia de Judá que continue. Ella da a luz gemelos y se convierte en parte de su casa.	Dos veces el rey extiende el cetro (del rey) a Ester, declarando simbólicamente que ella está bajo su protección. Él también le da la casa de su enemigo y su anillo con su sello para escribir con su autoridad para que los hijos y simiente de Judá continúa.

José es vendido por plata por sus hermanos, quienes son celosos.	Los judíos son vendidos por plata por Amán, quien es celoso.
José quedó huérfano de su madre Raquel solamente.	Ester quedó doblemente huérfana de ambos padre y madre. Los huérfanos reciben atención especial en Sucot.
Los Tres: José tiene treinta años cuando está de pie ante el Faraón. Treinta = letra hebrea lamed, que denota Enseñanza y aprendizaje	La desobediencia de Vasti fue en el año 3 del reinado. El pur (azar) fue echado en el mes de Nisán, el mes de la Pascua, que encapsula las fiestas 1-3.

Los Siete: Durante siete años, José se prepara para la hambruna, y durante siete años maneja los problemas y la ira de la hambruna.	Ester es llevada al palacio en el 7° año del reinado, y el Rey da un banquete y regalos para el banquete de Ester, como Sucot.
El sueño del faraón tenía que ver con el ganado y los granos, ambos emblemas de las ofrendas de Sucot, que puede provenir de rebaños, manadas, copas de vino o cosecha. Sucot es la séptima fiesta.	Ester está en el palacio durante siete años de bienestar antes de que deba manejar el período de problema. Ella está en su lugar porque Vasti no se presentó a la citación del 7° día del rey, una alusión a Sucot. La falla de Vasti hacia temer que su falta de comparecencia causaría problemas y la ira en todas las provincias del imperio. Sucot es un tiempo de reunión de las naciones a la fiesta.
José trabaja solo en su plan secreto para unir a los hijos de Israel, pero sus siervos están en ello.	Ester coordina el plan secreto de salvación, y sus siervos ayunan con ella.

El joven José sueña que sus hermanos se inclinan ante él, pero no lo hacen.	Amán quiere que Mardoqueo se incline ante él, pero No lo hace.

10

EL JUGADOR

La amenaza del adulterio aparece repetidamente en la historia de la redención. Sara y Rebeca fueron puestas en riesgo con el faraón y Avbmelech. Por costumbre legal, Tamar debía haberse casado con el hijo menor de Judá. Pero Judá había retrasado el matrimonio, por lo que se pensó que Tamar había cometido adulterio cuando comenzó a mostrar su embarazo. Se pensaba que Rahab era una ramera. Sin embargo cada una de estas mujeres demostró ser justa, valiente y fiel al afirmar la promesa de una Tierra, un Pacto y un Pueblo en Israel.

Aunque más sutil, la cuestión de la fidelidad también está presente en el Rollo de Ester. Ester ha pedido a los judíos que ayunaran y oraran durante tres días. Al tercer día, asociado con la resurrección, se acerca al Rey. Tal vez supo cuando se resignó: "Si perezco, Perezco", que si bien el riesgo exigía su entrega voluntaria a esa posible muerte, podía también convertirse en un día de resurrección de varias maneras. En este tercer día, la reina Ester pide que el rey y Amán asistan a un banquete de vino.

Los banquetes de vino encierran dos misterios. En primer lugar, el vino se asocia con la Fiesta de Sucot, que es el momento de sacar las primicias de los barriles de vino. Ester se posiciona para negociar la salvación no solo para los judíos, sino proféticamente para las primicias de entre las naciones donde los judíos han sido dispersados. En el lagar de la ira del Rey, Ester se convierte en un lulav agitando de ramas de Hadasá en Sucot, ondeando por los cuatro rincones de la Tierra donde Israel está disperso.

El segundo misterio se encuentra en la gramática hebrea de la invitación de Ester. En Ester 5:4, ella pide "Si al Rey le place, que el Rey y Amán vengan hoy al banquete que tengo preparado para él". Ahí está el problema. El sujeto es plural, "el Rey y Amán", sin embargo, el pronombre es singular, "él". Ella debería haber dicho: "Un banquete he preparado para ellos". Esto planta una semilla de duda en la mente del Rey. ¿Está preparando el banquete para él o para Amán?[59]

El rey y Amán asisten al banquete de vino del tercer día, pero Ester todavía oculta su motivo para invitarlos... ¿O es él? En lugar de dar una respuesta directa, Ester pide que asistan a otro banquete de vino al día siguiente, al cuarto día. En Apocalipsis, el mensaje a la cuarta iglesia Tiatira, marca la transición con el cuarto día de la "tribulación" a la "gran tribulación." El Rey sabe que Ester está preocupada, sin embargo, está aún más preocupado al anochecer. ¡No puede dormir!

¿En qué está pensando? Tal vez la relación entre su reina y su segundo al mando, Amán. ¿Por qué una mujer recluida con sus doncellas y eunucos pediría, sólo la presencia de Amán junto con la del Rey? ¿Cómo conoció a Amán? El Rey había sido el blanco de planes de asesinato antes, entonces, ¿qué estaba tramando Amán? No es casualidad que esta tribulación de la mente mantiene despierto al Rey esa cuarta noche, que ya había comenzado a la puesta del sol esa noche.[60] El texto se lee más literalmente de lo habitual, que lo que es traducido al español. Sería mejor traducido como: "El sueño

59. Fohrman, 2011 Pg. 44

60. Los judíos cuentan los días de puesta de sol a puesta del sol, o de tarde a noche, según el patrón de Génesis uno.

del Rey fue sacudido". Pide que los libros de récords sean leídos.

En este punto, el rey se entera de la intervención de Mardoqueo en su favor cuando dos de sus altos oficiales conspiraron para matarlo. Por fin, un súbdito leal, este judío Mardoqueo. ¿Y no era Ester su reina, la que realmente le había informado del complot? No es de extrañar que el rey estuviera preocupado. En ese momento oportuno, Amán entra para pedir permiso para colgar a Mardoqueo antes de la destrucción decretada sobre los judíos. ¡Hablando del rey de Roma!

El rey pone a prueba a Amán con una pregunta, pero el orgullo de Amán le impide comprender la pregunta oculta dentro de la pregunta, que podrían ser: "Amán, ¿qué estás haciendo? ¿Estás tratando de robar mi reino y mi reina?

¿Ser el segundo al mando y mi anillo no son suficientes para ti? El rey le pregunta a Amán qué se debe hacer con un hombre al que el rey desea honrar. Amán da la peor respuesta posible, al menos en términos de su seguridad personal. Sugiere adornar al hombre con cosas que el rey se ha ouesto o usado: una corona, una túnica y un caballo.

Desde la atribulada perspectiva del Rey, esto es una confirmación virtual de sus sospechas. Amán quiere su trono. El rey Ajashverosh ordena a Amán que haga esas mismas cosas por Mardoqueo, a quien Amán ha venido a pedir permiso para matar. De hecho, Amán había construido un etz en el tercer día para colgar a Mardoqueo. La misma palabra hebrea para árbol, etz, se usa para "Horca". El Espíritu de resurrección de Etzah, el Tercer Espíritu de Adonai, está empujando algo oculto en la superficie, y el cuarto día se ha convertido en un punto de inflexión para el rey, Ester, Amán, Mardoqueo, los judíos y las 127 provincias.

En el segundo banquete de vino, el rey insiste en preguntar a la reina Ester cuál es su problema oculto. Para su horror, descubre que Amán realmente quiere tomar lo que es suyo, su amada Reina de todas las provincias, símbolo unificador de su reino. Sin embargo, no es como él sospecha que Amán quiere matarlo y poseer a su reina; en cambio, Amán desea matar a la reina. En un ataque de ira, el rey entra en el jardín, y Amán vuelve a hacer lo peor que podía hacer: se arroja sobre Ester en su almohada.[61] Cuando el rey regresa, encuentra a Amán en una posición muy comprometedora. Si Ester no hubiera revelado ya la intención de Amán de matarla es posible que el rey haya llegado a una conclusión diferente sobre su relación.

La ira del rey se desata sobre Amán y su familia, y el rey Ajashverosh da a Ester y Mardoqueo su anillo de sello y plena autoridad para escribir cualquier decreto que puedan para anular la ira ya decretada. No pueden revocar su decreto anterior, pero sí escribir algo que definitivamente haga que los malvados de las provincias piensen dos veces antes atacar a los judíos. Hacer que algo no tenga efecto es hacerlo nulo, pero no significa que el decreto o voto original no existía. Su fuerza simplemente ha sido neutralizada. Con Ester y Mardoqueo escribiendo con la autoridad del Rey, el pueblo de la Alianza es conservado entre las provincias para que algún día regresen a su Tierra.

Algunas conclusiones pueden ser apropiadas aquí. El nombre del ayuno y la fiesta de Ester es Purim. La mayoría asume, como el texto muestra, que los purim, o suertes, arrojados por Amán contra los judíos son lo que caracterizan esta festividad. Las palabras que suenan iguales pueden ofrecer pistas adicionales sobre los temas bíblicos y sus comentarios internos. El tema central de las fiestas de otoño son las cubiertas, que se derivan de la fiesta del medio en el otoño, Yom HaKippurim. El Libro de Ejercicios Dos del Evangelio de la Creación ofrece

61. Esto vincula el signo de interrogación de la fidelidad con la mujer adúltera en Proverbios que ha extendido cubiertas sobre el sofá.

una explicación completa sobre las insinuaciones de las cubiertas asociadas con las nubes de la Fiesta de Trompetas y los pájaros alados con plumas en el quinto día de la creación, pero Sucot es un evidente refugio cubierto de ramas frondosas.

¿Qué hay de Yom HaKippurim, el Día de las Cubiertas, en sí? El kaphar de kippur significa un encubrimiento, expiación. En Yom HaKipurim,[62] el Sumo Sacerdote puede ver a los querubines que cubren el Lugar Santísimo cuando entra en una nube de incienso, y hace una cubierta de sangre sobre el propiciatorio del Arca de la Alianza. En la menorá de siete brazos, Yom HaKipurim es quíastico[63] a la Fiesta de los Panes sin Levadura.[64] Durante los Días de los Panes sin Levadura que comienzan con el día de reposo real de los Panes sin Levadura, Israel ayuna de todas las formas de levadura, pero en Yom HaKippurim, Israel ayuna tanto comida como agua durante un día. Los días de ayuno que Ester proclama para los judíos es durante los días de los Panes sin Levadura.

Ki en hebreo significa "igual, semejante a". Pur es un azar, un objeto de suerte que determina el destino. El sufijo im designa el plural. En Yom HaKipurim, el Sumo Sacerdote echa suertes, o purim, para designar el destino de las dos cabras, una L'Adonai y otra L'Azazel. La cabra L'Adonai es degollado y su sangre rociada sobre el propiciatorio de la Alianza. L'Azazel es llevado al desierto con todos los pecados de la nación y empujado por un precipicio. En este sentido, Yom HaKipurim es "Un día como Purim". Una cabra figurativa es ahorcada, mientras que la sangre de la otra es admitida en el Salón del Trono, el Lugar Santísimo, y cubre a todo Israel con seguridad. Yeshúa se convierte en el "segundo al mando" en virtud de su sacrificio.

Hay otros paralelismos entre Purim y Yom HaKippurim. En Yom HaKipurim, el sumo sacerdote debe hacer expiación primero por sí mismo; es decir, debe

62. El nombre literal del día es Yom HaKippurim, el Día de las Cubiertas o Expiaciones

63. Ver el apéndice

64. Ver el libro de trabajo del evangelio de la creación uno

cubrirse. Después, él hace expiación por el pueblo. Ese día se requieren dos expiaciones específicas. Ester también hace dos viajes al "Lugar Santísimo," la cámara interior del Rey en su casa, donde se entra solo por invitación. Solo la misericordia del rey perdonaría a cualquier intruso no deseado.

Este es el mismo principio que se aplica al Lugar Santísimo en el Templo. Solo el Sumo Sacerdote es invitados en un momento específico; Cualquier otro intruso se enfrenta a la muerte. Curiosamente, sin embargo, la sangre es rociada al propiciatorio del Arca de la Alianza.[65] El nombre mismo de la Alianza es Misericordia, y esto es exactamente lo que Ester recibe. Sin embargo, para merecer esta misericordia, Ester debe derramar su sangre, al menos en sentido figurado. Primero debe reconocer que merece perder su vida por acercarse, que es el ejemplo del macho cabrío de Yom HaKipurim que muere "delante del Señor."

El primer viaje a la cámara interior resulta en la petición de Ester para que el rey le salve la vida personalmente, así como el Sumo Sacerdote tiene que hacer expiación personal. El segundo viaje es para pedir de su ayuda para salvar a los judíos contra su decreto anterior, que no podía ser rescindido. Es en el segundo viaje a la cámara interior para tocar su cetro que Ester recibe el anillo de sello y los medios para anular el mal decreto contra su nación entre las 127 provincias.

El papel del macho cabrío sacrificado también puede ser representado por las acciones de Mardoqueo. Mardoqueo fue elevado al segundo lugar en el Reino, porque arriesgó su vida al negarse a inclinarse ante Amán. Como resultado, se le cubrió con las vestiduras del rey en honor y se le dio el caballo real y la corona. En un sentido Mardoqueo también sacrificó a su propia hija adoptiva Hadasá al insistir en que ella fuera al Rey sin que nadie lo pidiera. Las Escrituras parecen presentar un

65. El "Pacto" es la Torá, el Libro del Pacto ratificado entre Adonai e Israel en el Sinaí. Una copia de la Torá fue puesta en el Arca de la Alianza como testimonio. Esta Arca también fue llamada propiciatorio, o trono de misericordia. La descripción principal del Pacto de la Torá es la misericordia.

sacrificio virtual como equivalente a una muerte física de un animal. Simplemente la aceptación de la propia muerte por el bien de la tierra, pacto, o el pueblo puede sustituir la muerte real, que puede o no seguir. La aceptación de Pedro sobre este método de muerte y la razón de esta apoya los otros ejemplos de los patriarcas, matriarcas, héroes y heroínas de las Escrituras.

El papel sacrificial de la reina Ester como coheredera, "hasta la mitad del reino", protegió su inmenso pueblo, Israel entre las naciones. Ester sabía que presentarse ante el Rey sin que nadie se lo pidiera sería caminar por el valle de la sombra de la muerte, pero como el macho cabrío L'Adonai, dice: "Si perezco, Perezco," y se pone las ropas reales para acercarse a la cámara interior de la casa del Rey. Los Diez Días Asombrosos de arrepentimiento entre la Fiesta de las Trompetas y el juicio de Yom HaKipurim tiene un paralelo con los diez hijos de Amán colgados con él en juicio. Incluso el problema de rescindir el decreto del Rey está relacionado con los principios de Yom HaKippurim, lo cual trae expiación para la nación. El decreto era "una ley pública conocida por el pueblo de las provincias del rey, por lo que la transgresión sería una ofensa pública como el pecado de Vasti."[66]

El cambio de vestimenta en Yom HaKipurim demuestra algunas conexiones con Ester. En su primera visita a la alcoba del Rey, Ester viste ropas muy sencillas que el jefe eunuco aconsejo. Esto le gana el favor personal. El Sumo Sacerdote también remueve su vestidura oficial cuando visitaba el Lugar Santísimo en Yom Kippur. Cuando ella va a invitar al rey al banquete, Ester se cambia a túnicas reales.

El segundo viaje a la cámara interior parece la práctica inversa del Sumo Sacerdote, pero una pista es dada en el libro de Hebreos, que explica un patrón sacerdotal adicional, el modelo del

66. Zlotowitz, 2003, pg. 78

sacerdocio real de Melquis-tzedek, que Yeshúa ocupa. Esto tiene sentido. Ester se viste de forma simple en la entrada del sacerdocio levítico al Lugar Santísimo en su primera visita al rey, pero sus sucesivos viajes ameritan las vestiduras de un sacerdocio real. Los tipos y sombras son ocultos a lo largo del Rollo de Ester.

Una cosa sabemos. El rey Ajashverosh, cuya autoridad fue desafiada e insultada por una reina que se negó a ocupar su lugar a su lado ante las naciones, eligió a una reina valiente y virtuosa que lo haría. La reina Ester se convirtió en la reina de todos los hombres y mujeres, pues su anonimato la hacía perfecta para representar a todos los pueblos, sin importar la clase social o inicio humilde. El destierro de Vasti fue para asegurar que "cada hombre gobierne su propia casa y hable la lengua de su propio pueblo."

El rey reconoció la diversidad de las frutas de Sucot sobre las que gobernaba, y necesitaba una mujer que los cuidaría y diera a cada uno de ellos descanso en su propia lengua, una provisión simbolizado por el Espíritu Santo en Shavuot (Hechos Dos). El judaísmo reconoce que la Torá fue ofrecida a las 70 naciones en el Monte Sinaí en Shavuot, cada una en su propia lengua. Shavuot es una preparación para la diversidad de dones en Sucot. La reina Ester es una mujer que encarna al Ruaj HaKodesh según el patrón de las matriarcas. El corazón de su esposo confía en ella para reunir a las naciones. La reina Ester satisface a la perfección la necesidad de su marido de traer su Reino en unidad.

11

UN VOTO CON UN ¡GUAU!

Parte de la porción de la Torá Mattot incluye Números 30, que es Nedarim, "votos." Típicamente los votos se pagaban en las tres fiestas de peregrinación, pero ¿qué hay de su origen? En la primera parte de este estudio, se explicó que a veces en las Escrituras a un varón se le da una obligación, pero luego una mujer lo cumple. Este ejemplo se encuentra en el Rollo de Ester. Nedar, o voto, en hebreo, se escribe nun-dalet-resh.

Nun = Pescado; productividad, descendencia, como los peces, simbólico de hombre[67] נ

Dalet = Puerta, 4, simbólico de autoridad ד

Resh = Cabeza, simbólico de autoridad y del Ruaj[68] ר

Un voto es un método por el cual el hombre o la mujer que hace el voto significa que él o ella desea ensanchar la puerta de autoridad de Adonai en su vida. Al dedicar dinero, objetos, etc., el que hace un voto aumenta la capacidad de operar en la autoridad del Reino por medio del sacrificio

67. "Los hare pescadores de hombres…" Mateo 4:19

68. espíritu

personal. Permite al espíritu controlar los fuertes deseos del alma. Tanto hombres como mujeres pueden tomar el voto nazareo.

En Ester, el rey, sin saberlo, ha permitido que Amán escriba un decreto. Un decreto puede calificar como un tipo de voto porque su motivación es ampliar y establecer la autoridad del rey. Amán ha acusado a los judíos de las 127 provincias de desafiar las leyes del rey al mantener las suyas propias. El decreto restablecerá públicamente la autoridad del rey sobre su pueblo, tal como se paga un voto públicamente para publicar su intención.

Hay una parte en el servicio de Yom HaKipurim llamada Kol Nidrei, que significa "Todos los Votos". En esta parte del servicio, las personas oran para ser liberadas por Adonai de cualquier voto imprudente que pudieron haber tomado en el año anterior. Esto no es un intento de eludir las instrucciones de la Torá sobre los votos, pero reconoce que cualquiera puede hacer un voto de forma impulsiva, promesas y resoluciones. Es una petición arrepentida de misericordia, para el tiempo en que el Sumo Sacerdote pase al propiciatorio es un momento favorable para hacer tal petición.

Aquí hay algunos conceptos para buscar en los votos de Números Treinta:

1. na'arah, una mujer joven en edad de casarse.
2. Relación entre la na'arah y su esposo en su casa
3. La na'arah en la casa de su padre
4. El silencio como afirmación
5. Un tiempo específico

El gancho entre Ester y los nedarim, según el rabino Fohrman,[69] es la palabra hebrea lehacharish, que significa silencio. Mardoqueo usa la palabra en sucesión: "Im hacharesh tacharishi..." Cuando las palabras se repiten, enfatizan un punto.

L'hajarish aparece como un verbo duplicado en un solo lugar en toda la Tanaj. El único otro lugar es en Números, la porción de la Torá Mattot, la discusión de nedarim, o "anulación de votos." Este pasaje de la Torá instruye a los padres y esposos sobre cómo anular el voto de la hija o esposa joven si le trajera dificultades excesivas. Él debe velar por sus mejores intereses, sin embargo, permítele manejar su caminar espiritual.

Sin embargo, hay una regla importante. Si él quiere anular el voto, debe hacerlo tan pronto como se entera de ello. No tiene que esperar días antes de oponerse. Si él permanece en silencio, entonces en virtud de su silencio, l'Hacharish, Él mantiene el voto. Así es como un esposo o un padre trata con los votos de una mujer joven cuando ella está en su casa, o bajo su autoridad. Si él se queda silencioso, no puede cambiar de opinión ni hablar después. El silencio significa sí. Si intenta anularlo más tarde, debe cargar con el pecado.

No significa No
Si significa Si
Silencio significa Si

Su esposo puede afirmar el voto o su esposo puede anularlo.
(Números 30:13)

L'hacharish proviene de charash, una raíz de tres letras. Como sustantivo, significa una persona sorda. El rabino Fohrman[70] escribe que la forma del verbo parecería significar "hacerse sordo"; en otras palabras, para elegirlo. Estoy segura de que no hay maridos que hayan actuado como si no oyeran a sus esposas. Desafortunadamente, la falta de respuesta siempre significa: "¡Sí, estoy de acuerdo!"

69. Pg. 108

70. Pg. 112

Es fácil ver que Ester ha sido puesta en la situación de tener que anular el decreto del Rey. Sin embargo, ella es su esposa, no su esposo ni su padre. ¿Extiende la Torá esta obligación para con ella? Mardoqueo parece pensar que sí. Él dice: "Si permaneces en silencio en este tiempo, la salvación vendrá a los judíos de otra parte, pero tú y la casa de tu Padre serán destruidos."

¿De dónde sacaría el esta idea? El pasaje de la Torá dice:

Ishah **yekimenah**, v'ishah **yepheirenah**.

Su marido puede **afirmarlo**; Su marido puede **anularlo**.

Aquí está la belleza del hebreo. Por lo tanto, la Torá originalmente no tenía puntos vocálicos. La vocalización puede cambiar el significado de una palabra. En este caso, "ishah", su esposo (ish + ah) también se puede traducir como "una mujer". En este pasaje de juego de palabras, el texto diría:

Una mujer. Una mujer puede afirmar; Una mujer puede anular.

Mardoqueo parece haber leído un secundario significado doble y profético en el pasaje de la Torá. Eso diría que

a) el marido de una mujer podía anular o afirmar un voto, o
b) Una mujer podía anular o afirmar un voto.

Todo lo que Mardoqueo tuvo que hacer fue quitar un punto del heh al final de la palabra, lo cual no estaba incluso en el texto original. Mardoqueo le dice a Ester que debe intentar anular el decreto de su esposo, porque no sólo era imprudente hacer daño a su propio reino, sino que dañaría a Ester personalmente. Había destrucción incorporada en el decreto para ella personalmente, pero de acuerdo con el pasaje en Números, también habría un juicio de la Torá sobre Ester y la casa de su padre. Mardoqueo seguramente entiende que la obligación no es de Ester, pero le advierte como si lo fuera.

Mardoqueo advierte a Ester que debe dar una respuesta inmediata para no afirmar el decreto. Ester parece entender la explicación de Mardoqueo, pues renuncia a su vida por su gente en ese momento. Inmediatamente pone en marcha un plan para registrar su objeción a su marido.

Como repaso, ki en hebreo significa "como, similar a." Pur es un azar, un objeto de azar que determina el destino. En Yom Kipur, el Sumo Sacerdote echaba suertes, o purim, para designar el destino de las dos cabras, un L'Adonai y un L'Azazel. En este sentido, Yom Kippur es "Un día como Purim." Una cabra figurativa es ahorcada, mientras que la sangre de la otra es admitida en el Salón del Trono, el Lugar Santísimo, y cubre a todo Israel con seguridad.

Hay dos palabras hebreas importantes en Nedarim, "afirmar" y "anular". La palabra hebrea para anular es pur. Afirmar es kayam. Siete veces en el capítulo nueve de Ester una forma de la palabra pur, o anulación, ocurre. Hay siete apariciones de la palabra raíz kayam para afirmar en el mismo capítulo. Esto suma 14, el número de las generaciones del Mesías. Siete es Shabbat, Sucot, el Reino. Duplicadas, son las generaciones del Mesías, 14. La 7ª y última aparición de ambos kayam y pur en el capítulo nueve aparecen en el mismo versículo: "Y el decreto de Ester afirmó estas palabras de Purim." Uno de los temas de Yom Kippur es el amor fraternal, el amor sacrificial,[71] y la Reina Ester tipifica perfectamente el Día como Purim. Al igual que su futuro Mesías, dio su vida por sus amigos.

71. Ver el libro de trabajo del evangelio de la creación uno

12

CHICA DE PORTADA

¿Puede responder ahora a estas preguntas, o las responderías ahora de manera diferente a como lo habrías respondido la primera vez?

- ¿Quién es Ester?
- ¿Quiénes son las matriarcas y heroínas de las Escrituras? ¿Cuál es el patrón de su pensamiento Y acciones?
- ¿Ester encaja en este patrón?
- ¿Cuál es su objetivo final al ocultar identidades aecretas?
- ¿Quiénes se beneficiarán?

En tus respuestas, es probable que hayas encontrado estos temas unificadores entre la Torá, los Profetas, el Nuevo Pacto, y el Rollo de Ester:

- Las matriarcas de Israel tienen una identidad oculta que conduce a la salvación, la liberación y el regreso de Israel a la Tierra, al Pacto de la Torá y al Pueblo de Israel.
- El plan original preveía la inclusión tanto de las ovejas nativas como de los gentiles recogidos de las naciones para Sucot.
- Hay similitudes entre una mujer virtuosa y una ramera, y su cuestionable

identidad que las une en la profecía.

- Hay una repetición de la vida de José en Ester.
- Hay una inversión de roles, o más exactamente, un reparto de roles de la responsabilidad, que eventualmente conduce a las lecciones del Nuevo Pacto o HaBrit Hadasha de los coherederos. El Rey Ajashverosh lo profetizó cuando ofreció a la reina Ester hasta la mitad del reino.
- Es probable que una profecía de la Torá sea vivida de alguna manera por cada generación, desde la tribulación de la Pascua a la recompensa de Sucot

La reina Ester llevó el hilo escarlata de la redención en Israel en su generación. Las mujeres que la precedieron con fe lo arriesgaron todo por causa de la Promesa. Lo mismo hizo la reina Ester. El reconocimiento de su autoridad era muy importante para el rey Ajashverosh, por lo que el lector no debería considerar a la ligera que le dio a la reina Ester plena autoridad para hablar por él a las 127 provincias. Debía de tener una tremenda confianza en ella para hacerlo sin causar confusión y caos, porque se le había advertido que Vasti podría causar "mucho desprecio e ira" en todo su reino. Sin embargo, esto es lo que se dice de la Mujer Virtuosa en Proverbios 31: "El corazón de su marido confía en ella con seguridad."

La saga de Ester continúa en el Libro de Nehemías. Incluso una evaluación rápida de la narración demuestra una repetición de los temas de Ester, la Torá y los Profetas. Nehemías es el coperodel rey Artajerjes.[72] Probó el vino del rey para asegurarse de que no estaba envenenado,[73] Y él le pidió que le permitiera volver para edificar las murallas de Jerusalén y ayudar a los pobres de la provincia desolada de Judá. Nehemías se lamenta en 1:3-4: "Me dijeron: El remanente que está allí en la

72. Se supone que Jerjes es el esposo de Ester, Ajashverosh (Sarshar, 2002, pg. 3)

73. Sarshar 2002, pg. 7

96

provincia que ha sobrevivido al cautiverio en gran angustia y oprobio, y el muro de Jerusalén ha sido derribado y sus puertas son quemadas por el fuego. Cuando escuché estas palabras, me senté y lloré, y me lamente durante días; y yo ayunaba y oraba delante del Dios del cielo."

Una vez más, las Escrituras llevan al lector de la Pascua a Sucot temáticamente. ¿Hay algunas "Hermanas" que se destacan en la narración? De todos esos padres e hijos que ayudaron a reconstruir esos muros rotos de Jerusalén, una familia se destaca:

> Junto a ellos restauró Salum hijo de Halohes, gobernador de la mitad de la región de Jerusalén, él con sus hijas. (Nehemías 3:12)

El Evangelio del Mesías Yeshúa es a partes iguales tribulación y triunfo. Ester estaba preparada para el Rey con seis meses de mirra, una especia funeraria que comparte la misma raíz que el maror, las hierbas amargas que se comen durante la Pascua. También se preparó con seis meses de "cosméticos," el embellecimiento para preparar a una potencial Reina de muchas naciones. Shavuot se encuentra entre la Pascua y Sucot para proclamar la autoridad del Rey. Él libera a las hijas y hermanas de tribulación y los promueve a la realeza.

Las hijas y nuestras siervas fueron liberadas en la cuarta fiesta de Israel, Shavuot, en Hechos Dos[74] para proclamar la autoridad, redención y salvación del Mesías Yeshúa. Las hermanas de Espíritu lleno son desenmascaradas, se les da plena autoridad para hablar en el Nombre del Rey de Reyes. Ellas están selladas en el Pacto de la Torá, comisionadas para ir a las 127 provincias, las 70 naciones de la tierra, y los cuatro ángulos de la tierra para llevar el hilo escarlata de Israel entre las naciones.

74. Referirse al texto de hechos 2 en el apéndice

Su buena noticia es que a través de la sangre del Mesías Yeshúa, incluso aquellos que no son Israel por naturaleza se han acercado. Se están acercando a la Tierra, al Pacto y al Pueblo de Israel por un nuevo nacimiento en el Mesías Yeshúa.[75] Ester era huérfana, pero también era hija adoptada. El Espíritu de adopción ha sido derramado sobre nuestros hijos **Y** nuestras hijas. Que todo Israel reciba a sus hermanas e hijas con la alegría de Sucot.

75. Efesios 2

OBRAS CITADAS

Alewine, H. (2006). El Evangelio de la Creación: Libro de Ejercicios Uno: Siete Días de la Creación, Siete Espíritus de Dios, Siete Fiestas, Siete Iglesias del apocalipsis. Londres, KY: El Evangelio de la Creación.

_____ (2012). El Evangelio de la Creación: Libro de Ejercicios Cuatro, La Ramera Escarlata y el hilo Carmesí. Londres, KY: El Evangelio de la Creación.

Fohrman, D. (2011). La reina que creías conocer: Desenmascarando la historia oculta de Ester. Estados Unidos: HFBS Publishing.

Sarshar, H., Editor. (2002). Los hijos de Ester: Un retrato de los judíos iraníes. Beverly Hills, CA: Centro de Historia Oral Judía Iraní, Fundación de la Sociedad de Graduados.

Zlotowitz, M., Trans. (2003). La Meguilá: El Libro de Ester. Nueva York: Mesorah Publicaciones.

Scherman, N. y Zlotowitz, M., Eds. (1997). La Torá: Con el comentario de Rashi traducido, anotado y dilucidado. Sapirstein Ed. Nueva York: Mesorah Publications, Ltd.

APÉNDICE

Recorte quiástico

Instrucciones:

1. Etiqueta cada rama de la menorá en este orden: Pascua, Panes sin levadura, Primicias de cebada, Semanas, Trompetas, Expiaciones, Tabernáculos. Puedes ir de izquierda a derecha o de derecha a izquierda.

2. Corta la menorá y dóblala sobre su eje (Semanas). Las fiestas que se tocan o se convierten en uno son espejos los unos de los otros.

PREGUNTAS DE ESTUDIO

1. ¿Cuál es el nombre hebreo de la reina Ester? ¿Qué significa? ¿De qué fiesta israelita es pieza clave?

2. ¿Cuál es el nombre hebreo de José? ¿Qué significa? ¿De qué fiesta israelita es pieza clave?

3. ¿Qué dice la Biblia cuando cita repetidamente una narración anterior?

4. ¿Qué tienen en común, ya sea literal o figuradamente, Sara, Rebeca, Lea y Raquel?

5. ¿Quién personifica al Espíritu Santo en el Libro de los Proverbios?

6. ¿Qué es la "nube" o pregunta que se cierne sobre las cabezas de muchas mujeres justas en las escrituras?

7. Explique cómo el Día de las Expiaciones, Yom HaKippurim, es "un día como Purim."

8. ¿Qué dos tribus de Israel se destacan en el Rollo de Ester?

9. Da un ejemplo de cómo una mujer obedece un mandamiento dirigido a los varones.

10. ¿En qué se parece la obra profética de la reina Ester y José?

EJERCICIO DE ESTUDIO

Estudia el siguiente capítulo del libro de los Hechos. ¿Cuántos temas, símbolos y conexiones puedes encontrar con el rollo de Ester y la historia de José?

Hechos 2 Shavuot

Cuando llegó el día de Pentecostés, estaban todos unánimes juntos. Y de repente vino del cielo un estruendo como de un viento recio que soplaba, el cual llenó toda la casa donde estaban sentados; y se les aparecieron lenguas repartidas, como de fuego, asentándose sobre cada uno de ellos. Y fueron todos llenos del Espíritu Santo, y comenzaron a hablar en otras lenguas, según el Espíritu les daba que hablasen. Moraban entonces en Jerusalén judíos, varones piadosos, de todas las naciones bajo el cielo. Y hecho este estruendo, se juntó la multitud; y estaban confusos, porque cada uno les oía hablar en su propia lengua. Y estaban atónitos y maravillados, diciendo: Mirad, ¿no son galileos todos estos que hablan? ¿Cómo, pues, les oímos nosotros hablar cada uno en nuestra lengua en la que hemos nacido? Partos, medos, elamitas, y los que habitamos en Mesopotamia, en Judea, en Capadocia, en el Ponto y en Asia, en Frigia y Panfilia, en Egipto y en las regiones de África más allá de Cirene, y romanos aquí residentes, tanto judíos como prosélitos, cretenses y árabes, les oímos hablar en nuestras lenguas las maravillas de Dios. Y estaban todos atónitos y perplejos, diciéndose unos a otros: ¿Qué quiere decir esto? Mas otros, burlándose, decían: Están llenos de mosto.

El sermón de Pedro

Entonces Pedro, poniéndose en pie con los once, alzó la voz y les habló diciendo: Varones judíos, y todos los que habitáis en Jerusalén, esto os sea notorio, y oíd mis palabras. Porque estos no están ebrios, como vosotros suponéis, puesto que es la hora tercera del día. Mas esto es lo dicho por el profeta Joel: Y en los postreros días, dice Dios, derramaré de mi Espíritu sobre toda carne, y vuestros hijos y vuestras hijas profetizarán; vuestros jóvenes verán visiones, y vuestros ancianos soñarán sueños; y de cierto sobre mis siervos y sobre mis siervas en aquellos días derramaré de mi Espíritu, y profetizarán y daré prodigios arriba en el cielo, señales abajo en la tierra, sangre y fuego y vapor de humo; el sol se convertirá en tinieblas, Y la luna en sangre, antes que venga el día del Señor, grande y manifiesto; Y todo aquel que invocare el nombre del Señor, será salvo. Varones israelitas, oíd estas palabras: Jesús nazareno, varón aprobado por Dios entre vosotros con las maravillas, prodigios y señales que Dios hizo entre vosotros por medio de él, como vosotros mismos sabéis; a este, entregado por el determinado consejo y anticipado conocimiento de Dios, prendisteis y matasteis por manos de inicuos, crucificándole; al cual Dios levantó, sueltos los dolores de la muerte, por cuanto era imposible que fuese retenido por ella. Porque David dice de él: VEÍA AL SEÑOR SIEMPRE DELANTE DE MÍ; PORQUE ESTÁ A MI DIESTRA, NO SERÉ CONMOVIDO. POR LO CUAL MI CORAZÓN SE ALEGRÓ, Y SE GOZÓ MI LENGUA, Y AUN MI CARNE DESCANSARÁ EN ESPERANZA; PORQUE NO DEJARÁS MI ALMA EN EL HADES, NI PERMITIRÁS QUE TU SANTO VEA CORRUPCIÓN. ME HICISTE CONOCER LOS CAMINOS DE LA VIDA; ME LLENARÁS DE GOZO CON TU PRESENCIA. Varones hermanos, se os puede decir libremente del patriarca David, que murió y fue sepultado, y su sepulcro está con nosotros hasta el día de hoy. Pero siendo profeta, Y SABIENDO QUE CON JURAMENTO DIOS LE HABÍA JURADO QUE DE SU DESCENDENCIA, EN CUANTO A LA CARNE,

LEVANTARÍA AL CRISTO PARA QUE SE SENTASE EN SU TRONO, viéndolo antes, habló de la resurrección de Cristo, que su alma NO FUE DEJADA EN EL HADES, ni SU CARNE VIO CORRUPCIÓN. A este Jesús resucitó Dios, de lo cual todos nosotros somos testigos. Así que, exaltado por la diestra de Dios, y habiendo recibido del Padre la promesa del Espíritu Santo, ha derramado esto que vosotros veis y oís. Porque David no subió a los cielos; pero él mismo dice: DIJO EL SEÑOR A MI SEÑOR: SIÉNTATE A MI DIESTRA, Hasta que ponga a tus enemigos por estrado de tus pies. Sepa, pues, ciertísimamente toda la casa de Israel, que a este Jesús a quien vosotros crucificasteis, Dios le ha hecho Señor y Cristo.

La recolección

Al oír esto, se compungieron de corazón, y dijeron a Pedro y a los otros apóstoles: Varones hermanos, ¿qué haremos? Pedro les dijo: Arrepentíos, y bautícese cada uno de vosotros en el nombre de Jesucristo para perdón de los pecados; y recibiréis el don del Espíritu Santo. Porque para vosotros es la promesa, y para vuestros hijos, y para todos los que están lejos; para cuantos el Señor nuestro Dios llamare. Y con otras muchas palabras testificaba y les exhortaba, diciendo: Sed salvos de esta perversa generación. Así que, los que recibieron su palabra fueron bautizados; y se añadieron aquel día como tres mil personas. Y perseveraban en la doctrina de los apóstoles, en la comunión unos con otros, en el partimiento del pan y en las oraciones. Y sobrevino temor a toda persona; y muchas maravillas y señales eran hechas por los apóstoles. Todos los que habían creído estaban juntos, y tenían en común todas las cosas; y vendían sus propiedades y sus bienes, y lo repartían a todos según la necesidad de cada uno. Y perseverando unánimes cada día en el templo, y partiendo el pan en las casas, comían juntos con alegría y sencillez de corazón, alabando a Dios, y teniendo favor con todo el pueblo. Y el Señor añadía cada día a la iglesia los que habían de ser salvos.

Hechos Dos	Rollo de Ester y José
Hablaron en otras lenguas	Los decretos fueron enviados en todas las lenguas de las provincias; José oculto que entendía hebreo.
El Espíritu les dio expresión	Ester era un símbolo del Espíritu Santo trabajando en la vida de su esposo para salvar a los judíos.
"NO ABANDONARÁS MI ALMA AI HADES, NI PERMITAS QUE TU SANTO SUFRA LA DECADENCIA"	Los celos del Esposo no permitían a Israel o Ester que permanecieran en cautiverio y ser sujetos a planes de muerte.

SOBRE LA AUTORA

La Dra. Hollisa Alewine tiene una Licenciatura en Ciencias y Maestría de la Universidad de Texas A&M y un Doctorado de la Escuela de Post Grado de Oxford.

Ella es la autora de *Standing with Israel: A House of Prayer for All Nations* (De Pie con Israel: Casa de Oración para Todas las Naciones)

The Creation Gospel Bible study series (El Evangelio de la Creación, series de estudios Bíblicos)

Y programadora de Hebraic Roots Network (Canal de Raíces Hebreas)

La Dra. Alewine es una estudiante y maestra de la Palabra de Dios.